Moritz Perles

Die Insurrektion in Dalmatien

Eine historisch-kritische Darstellung der österreichischen Kriegsoperationen in der

Boccha von Cattaro

Moritz Perles

Die Insurrektion in Dalmatien
Eine historisch-kritische Darstellung der österreichischen Kriegsoperationen in der Boccha von Cattaro

ISBN/EAN: 9783743411784

Hergestellt in Europa, USA, Kanada, Australien, Japan

Cover: Foto ©ninafisch / pixelio.de

Manufactured and distributed by brebook publishing software (www.brebook.com)

Moritz Perles

Die Insurrektion in Dalmatien

Die
Insurrection in Dalmatien.

Eine historisch-kritische Darstellung

der

österreichischen Kriegsoperationen in der Boccha von Cattaro.

Wien 1870,
Moritz Perles.
Spiegelgasse 17.

Erstes Kapitel.

Einleitung. — Die historische Vergangenheit Dalmatiens. — Land und Leute. — Allgemeine Betrachtungen über den Krieg in Dalmatien.

Wenn wir es unternehmen, auf den nachfolgenden Blättern ein Bild der Ereignisse zu geben, welche während der letzten Monate des Jahres 1869 in dem südlichsten Theile des österreichischen Kaiserstaates gespielt haben, so halten wir es des allgemeinen Verständnisses wegen für nothwendig, einige allgemeine Bemerkungen voranzusenden. Die Geschichte des Aufstandes in Dalmatien ist die Geschichte eines Krieges, der aus den mannigfachsten Gründen vielseitiges Interesse erregen muß und dessen politische Bedeutung ebenso groß ist, wie seine militärische, obgleich dabei weder große Heere in's Feld gerückt noch Europa bewegende Schlachten geschlagen sind. Die Wichtigkeit der Thatsachen liegt in diesem Falle überhaupt weniger in ihnen selbst, als in den besonderen Umständen, unter denen sie geschehen sind.

Wenn an den Historiker die Aufgabe herantritt, die Geschichte eines Aufstandes zu schreiben, so muß er naturgemäß dabei folgende vier Fragen beantworten: wer sind die Aufständischen, wie ist ihr Land beschaffen, welche war die Ursache der Volkserhebung und wie ist diese verlaufen. In erster Linie ist also zum Verständniß der ganzen Sache eine Schilderung der betheiligten **Land und Leute** erforderlich und eine solche dürfte hier um so nothwendiger sein, als es sich um einen Theil Oesterreichs handelt, der mit dem allgemeinen Weltverkehr wenig zu thun hat und daher auch sehr Vielen fast ganz unbekannt ist.

Dalmatien, dieses schmale langgestreckte Land an der Ostküste des adriatischen Meeres, nimmt im Ganzen einen Flächenraum von 233 Quadratmeilen ein und ist mit circa 450,000 Einwohnern bevölkert, von denen etwa 100,000 der griechischen, die übrigen der römisch-katholischen Kirche angehören. Die Länge des Landes beträgt über 50 Meilen, seine Breite im Norden ungefähr 10, im Süden nur eine Meile. Die ganze Bevölkerung vertheilt sich in 15 Städten, 35 Flecken und etwa 800 Dörfern und einzelnen Weilern.

Das Land ist gebirgig und seine Unfruchtbarkeit fast sprichwörtlich bekannt. Indessen ist es nicht immer so gewesen, es hat vielmehr Zeiten gegeben, in denen die etwa 5000 Fuß hohen dalmatinischen Gebirge fruchtbar und prächtig bewaldet waren. Damals trieben die Bewohner dieser Küste in für Italien besonders lästiger Weise Seeräuberei und da man ihrer nicht Herr werden konnte, so rächte man sich an ihnen, indem man ihnen ihre Wälder niederbrannte. Der Regen hat dann das Erdreich von den Bergen herabgespült, der Wind hat den fruchtbaren seines Baumschutzes beraubten Boden verweht und nun sieht man überall, soweit das Auge reicht, nichts mehr als kahlen Felsen, den sogenannten Karst; nur noch in den Schluchten und gedeckten Thälern ist eine Vegetation, die aber in voller südlicher Ueppigkeit Limonen, Orangen, Oelbäume, Mais u. s. f. erzeugt. Um die Rauhheit des Landes noch zu erhöhen, treten in demselben häufig kalte Nordstürme auf, die sogenannte „Bora", deren Entstehung dem Mangel an Wäldern zugeschrieben werden muß.

Ueberall auf der Erde finden wir, daß Länder, deren Bodenbeschaffenheit durch ein Naturereigniß plötzlich gänzlich verändert, deren ursprünglicher Reichthum mit einem Schlage vernichtet ist, eine auf sehr niedriger Culturstufe stehende Bevölkerung haben. Dasselbe ist auch hier der Fall. Das Feuer, welches die Wälder Dalmatiens vernichtete, trägt auch einen Theil der Schuld an dem rauhen und wilden Volkscharakter der Dalmatiner. Und was der heimathliche Boden, das Land selbst nicht an seinen Bewohnern gethan hat, um sie im Laufe der Jahrhunderte zu dem zu machen, was sie heute sind, das haben die politischen Ereignisse gethan.

Die Dalmatiner sind bosnischen und serbischen Ursprungs, sie gehörten früher zu dem slavischen Königreich Bosnien, nach dessen Zerfall Venedig und Ungarn wegen des Besitzes dieses Küstenlandes einen Krieg begannen. Die damals mächtige Republik Venedig blieb hierbei im Siege, sie war Besitzerin Dalmatiens bis die Türken kamen, welche den größten Theil des fraglichen Gebietes sich unterwarfen und nur einzelne Städte, z. B. Ragusa, frei ließen, sich jedoch auch tributpflichtig machten. Die Venetianer wollten ihr seitheriges Eigenthum indessen nicht verlieren, sie setzten den Krieg in dem vielgeplagten Lande fort und nach langem Blutvergießen gewannen sie dasselbe wieder, um es dauernd zu behalten. Als die ehemalige Beherrscherin der Meere, die Republik, durch Napoleon I. vernichtet worden, fiel Dalmatien durch den Frieden von Campo formio im Jahre 1797 an Oesterreich. Acht Jahre später 1805 wurde es dann im Frieden von Preßburg an das von Napoleon gegründete Königreich Italien abgetreten, sofort aber von den Russen mit Hülfe einer Flotte occupirt und erst zwei Jahre später, 1807, den Franzosen übergeben, die es 1810 ihrem Kaiserreich einverleibten.

Die Zeit der Franzosenherrschaft, welche auch nur vier Jahre währte, war für Dalmatien insofern wohl die beste, als wenigstens etwas für die Entwicklung des Landes gethan wurde. Freilich geschah dies nicht dem Lande zu Liebe, sondern lediglich aus militärischen Rücksichten, immerhin aber muß man anerkennen, daß damals gute fahrbare Straßen erbaut wurden und die Bevölkerung von der französischen Regierung erträglich behandelt wurde, weil die Letztere sehr wohl wußte, daß sie aus dem Lande vortreffliche Leute für ihre Kriegsflotte gewinnen konnte.

1814 fiel Dalmatien wieder an Oesterreich zurück, in dessen Besitz es sich noch heute befindet. Seitdem hat sich die Bevölkerung im südlichen Theile, in der Gegend von Cattaro zweimal empört,

1849 und 1869. Bei dem ersten Aufstande, der in Folge der Einführung von Steuern war, betheiligten sich hauptsächlich die Seestädte, weniger die Landbevölkerung. Damals wurde u. A. der Kreishauptmann Gries in Cattaro selbst durch einen Schuß schwer verwundet, die „Pacifizirung" gelang indessen nach verhältnißmäßig kurzer Zeit, d. h. der Aufstand wurde von den kaiserlichen Truppen unter Führung des Obersten Mamula mit Waffengewalt 1850 niedergeschlagen.

Fragt man sich, was die österreichische Regierung in der Zeit, seit sie wieder im Besitze Dalmatiens ist (seit 1814), für dasselbe gethan hat, so muß man leider antworten: **fast gar nichts!** Selbst nach 1849, nach dem ersten Aufstande ist die Sache nicht besser geworden.

Die von den Franzosen angelegten Fahrstraßen, namentlich auch die große nach dem Marschall Marmont genannte Straße, welche ganz Dalmatien von Norden nach Süden durchzieht, sind unter der österreichischen Regierung nur nothdürftig erhalten worden. Die Türken haben bis zur Gränze bedeutende Wegebauten geführt, aber die Fortsetzung derselben auf dalmatinischem Gebiet ist unterlassen worden, so daß manche Theile des Landes kaum passirbar sind und man Güter und Waaren nur mit Lastthieren transportiren kann. Wie wir weiterhin zeigen werden, haben diese lediglich von der österreichischen Verwaltung verschuldeten Zustände einen wesentlichen Einfluß auf die Kriegführung während des letzten Aufstandes geübt und zwar zum Nachtheile der kaiserlichen Truppen.

Während so die äußern Verhältnisse des Landes gänzlich vernachlässigt wurden, waren die kaiserlichen Beamteten größtentheils Deutsche oder wenigstens keine Dalmatiner, ferner war die Justizpflege jämmerlich, die Polizei miserabel, Unterrichtswesen existirte überhaupt nur in den Städten, welche zugleich Sitz der Finanzbehörden waren, denen die Pflicht oblag, soviel Steuern einzutreiben, als bei der Armuth der Bevölkerung nur irgend möglich war. Unter solchen Umständen kann sich gewiß niemand wundern, wenn die Dalmatiner im Allgemeinen nie allzu zufrieden mit der Regierung waren und wenn namentlich das Landvolk halb wild aufwuchs.

Besonders im südlichen Theile Dalmatiens, in der „Boccha", d. h. der Mündung, Bucht von Cattaro, auf dem Schauplatze des letzten Aufstandes, ist die Bevölkerung am ärmsten und zugleich am wildesten. Der Bocchese ist stets bewaffnet und er ist mit dreizehn Jahren ebenso streitbar als mit sechszig. Auf diese Weise erklärt es sich, daß der nur schwach bevölkerte Landstrich auf kurze Zeit wohl an 10,000 Mann in's Feld stellen kann. In einem alten Buche, das vor mehr als einem halben Jahrhundert erschienen ist und das offenbar einen der österreichischen Offiziere zum Verfasser hat, die damals das Loos traf, in jenem abgelegenen Winkel, also fast ganz abgeschlossen von allen Genüssen der Cultur, zu dienen, findet sich eine Schilderung der Bocchesen, die heute noch vollkommen auf sie paßt, so wenig hat sich das Volk verändert. „Was am meisten an ihnen zu bewundern ist," sagt der alte Offizier, „ist ihre natürliche Strategie; ich sah sie Stellungen aussuchen, daß ich zweifle, ob der erfahrenste General sie besser hätte wählen können. Sie sind stark und gewandt, laufen wie die Gemsen über die steilsten Anhöhen, begnügen sich mit der geringsten Speise und sind dabei sehr gesund; ebensogute Schützen wie die Tiroler, haben sie mehr persönliche Tapferkeit und den geübtesten Blick, um von jedem Umstande Vortheil zu ziehen."

Bei den Bocchesen ist noch heute die Blutrache allgemein im Gebrauche. Zur Charakteristik des Volkes dient ungemein ferner ein Ereigniß, welches der erwähnte alte Offizier erzählt: Im Jahre 1802 rettete nämlich die Mannschaft eines Kanonenbootes in Risano ein sehr schönes Mädchen, das sich mit einem Manne vergangen haben sollte, in dem Moment, als man im Begriff war, dasselbe zu steinigen. Die Frauen haben überhaupt eine äußerst gedrückte Stellung, auf sie erstrecken sich die Gesetze der Blutrache nicht; ein Mann kann das Weib eines Andern umbringen, ohne daß jemand die Rache übernimmt. Im Uebrigen sind die Begriffe in Betreff des Eigenthums sehr lose, der Bocchese wendet die Waffe, die er stets bei sich führt, ebenso gern zur Aneignung fremden Gutes, wie zur Vertheidigung seiner eignen Habe an.

Betrachtet man nun diese Menschen und denkt man daran, in

welchem Lande sie wohnen, so muß man sich wohl sagen, daß ein Krieg gegen sie keine leichte Aufgabe sein konnte. Nichts desto weniger hörte man, als der neueste Aufstand ausgebrochen war, gerade in den Kreisen österreichischer Militärs Worte, die mit der größten Geringschätzung jene Insurrektion behandelten.

„Ihr nennt das einen Krieg," — so etwa lauteten die Urtheile selbst von sehr hochstehenden Mitgliedern der Armee — „es ist weiter nichts, als eine Exekution gegen widerharige excedirende Bauern, die zu Kreuze kriechen werden, sobald sie sehen, daß man Ernst mit ihnen macht, und die, falls sie wirklich Widerstand leisten sollten, ohne große Mühe von unsern Soldaten geradezu erdrückt werden würden."

Wir würden diese Anschauungen hier gar nicht erwähnen, wenn sie nicht thatsächlich, namentlich im Anfange des Aufstandes, selbst in den maßgebenden Regierungskreisen getheilt worden und während des Feldzuges gegen die Bocchesen für die militärischen Operationen leitend gewesen wären. Es ist das Letztere um so auffallender, als man der Regierung doch einige Kenntniß der Verhältnisse hätte zutrauen dürfen und eine Meinung, wie die obige, nur durch absolute Unkenntniß der Sachlage erklärlich werden konnte. Freilich besaß und besitzt Oesterreich militärische Kräfte genug, um eine aufrührerische, nur aus einigen tausend Köpfen bestehende Bevölkerung nieder zu werfen, zu erdrücken, indessen wie leicht oder wie schwer, wie schnell und mit welchen Opfern dergleichen auszuführen ist, das hängt stets von den die Ereignisse begleitenden Umständen ab und diese Letzteren waren in dem gegebenen Falle der Art, daß jeder Soldat, der an dem Feldzuge Theil genommen hat, denselben jetzt nach der Beendigung einen recht ernsten Krieg nennen wird.

Aber dies konnte man auch bereits vorher wissen, man konnte wissen, wie groß die Schwierigkeiten für die Truppen werden würden. Man brauchte sich nur hineinzudenken in das zerklüftete unwirthbare Gebirgsterrain Dalmatiens: man mußte sich erinnern, daß die aufständische Bevölkerung, wie ihre Berge, halbwild, zu Grausamkeiten aller Art geneigt, dabei hartnäckig und fanatisch; schon in wenigen Tagen nach dem Ausbruche des Aufstandes militärisch in

Banden mit einheitlicher Leitung organisirt war, — und man durfte die Sache in der That nicht so leicht nehmen, wie geschehen. Die Ereignisse, wie wir sie nach unparteiischen Berichten weiterhin besprechen werden, haben gezeigt, wie groß der Fehler war, den man bei der Unterschätzung der für die Truppen erwachsenen Schwierigkeiten gemacht hat.

Die Dalmatiner wußten in ihrem Lande jeden Weg und Steg; jeder Schlupfwinkel, jeder Felsblock, jede Höhle, die ihnen Schutz gewähren konnten, war ihnen bekannt, während die Soldaten auf einem ihnen fremden Boden zu kämpfen hatten. Die Aufständischen bedurften keines Trains, sie wußten, woher sie Proviant, Munition u. s. f., kurz alles für ihre an Zahl geringen Schaaren Erforderliche nehmen sollten, das Land gab ihnen bereitwillig, was es vermochte, es öffnete ihnen ganz natürlich jeden Moment alle seine Hülfsquellen. Die Truppen dagegen waren genöthigt, das zur Deckung ihrer Bedürfnisse Nothwendige von der See her zu beziehen, sie konnten sich auf irgend welche Unterstützung aus dem Lande selbst nicht im Geringsten verlassen, sie mußten also große Vorräthe mit sich führen und das mußte ihre Bewegungen schwerfällig machen, sie hindern und hemmen an der Verfolgung, an dem Aufsuchen und Bekämpfen des leicht beweglichen Feindes.

Doch damit nicht genug! Wie man die eben erwähnten Dinge aus den Verhältnissen Dalmatiens überhaupt vorher schon folgern konnte, ebenso wußte man, daß die Bocchesen überall Nachbarn haben, die nicht gut einen Schuß hören können, ohne nicht selbst Lust zu bekommen, auf ein lebendes Ziel ihre Büchsen abzufeuern. Und es war ja vom ersten Augenblicke der Erhebung an bekannt, daß die Aufständischen sowohl aus Montenegro, wie aus der Herzegowina Zuzüge und Unterstützungen erhielten, mindestens dort überall für sich Sympathien fanden, um im schlimmsten Falle sich dahin sicher zurückzuziehen, sich daselbst zu sammeln und von daher wieder neu gekräftigt auf dem Kriegsschauplatze erscheinen zu können. Die kaiserlichen Truppen dagegen durften es nicht wohl wagen, ohne vorhergegangene diplomatische Intervention irgend eine Gränze zu überschreiten.

Alle diese Verhältnisse zeigen, daß sich die kaiserlichen Truppen den Aufständischen gegenüber in einer höchst ungünstigen Situation befanden und befinden mußten; sie hatten einen Gebirgskrieg der schlimmsten Art zu bestehen und jeder Militär weiß aus der großen Zahl von Beispielen, welche die Kriegsgeschichte bietet, wie zeitraubend und wie gefahrvoll gerade ein solcher Krieg ist. Unter den Umständen, unter denen in Dalmatien gekämpft wurde, konnte der einzelne Aufständische zeitweise vielleicht ebenso viel werth sein, wie eine ganze Abtheilung Militär. Die Sachlage war ganz ähnlich, wie diejenige, durch welche Andreas Hofer in Tirol begünstigt wurde, oder wie diejenige, welche den Tscherkessen einen so zähen Widerstand gegen die Russen ermöglichte.

Das Alles waren Dinge, die jeder Mensch mit der erforderlichen Sachkenntniß hätte vorhersehen können. Trotz der vorzüglichsten Führung, trotz der größten Ausdauer der Truppen war es nicht zu vermeiden, daß Monate vergingen, bis man des Aufstandes Herr geworden wäre, wenn man sich lediglich auf die Gewalt verlassen wollte, aber geradezu unabsehbar war die Verwicklung, wenn die Voraussetzung einer guten Oberleitung des Krieges nicht eintraf. Unter solchen Umständen wäre es gewiß klüger gewesen, von vorn herein den Weg der Unterhandlungen, des gütlichen Ausgleichs der Anwendung der Waffen vorzuziehen. Dies ist indessen nicht geschehen. Man hielt die Schwierigkeiten nicht für so groß, wie sie waren, man wollte keine Güte. So ist es denn zur Gewalt gekommen und Oesterreich hat mehrere Monate hindurch einen Krieg mit einem kleinen aufständischen Volksstamm geführt, ohne dabei Lorbern zu ernten. Der Krieg selbst aber hat sich so gestaltet, daß derselbe unter allen Umständen als ein lehrreiches Beispiel für die Zukunft dastehen wird. Es können daran Staatsmänner und Soldaten, beide gleichviel, lernen und für Oesterreich wäre es sehr zu wünschen, daß beide auch wirklich daran gelernt haben.

Zweites Kapitel.

Die Veranlassung zum Aufstande. — Montenegro. — Geheime Agitationen. — Die Rekrutirung. — Der Ausbruch des Aufstandes.

Wir haben bereits in dem vorhergehenden Kapitel darauf hingewiesen, daß die Bevölkerung Dalmatiens keine besondere Freude an der österreichischen Verwaltung gehabt hat und daß in der Boccha stets Unzufriedenheit herrschte, die bereits im Jahre 1849 einmal zu einem Aufstande führte. Nachdem nun damals die „Pacifizirung" stattgefunden hatte, ist Alles ruhig geblieben, aber unter der Asche hat der Funke fortgeglimmt und es unterliegt wohl keinem Zweifel, daß von Außen das Mögliche gethan ist, um ihn nicht verlöschen zu lassen. So werthlos nämlich der Besitz Dalmatiens, namentlich seines südlichen Theiles, erscheinen mag, so würde dieses kleine Stück gebirgigen Landes doch Manchem sehr erwünscht sein.

Unter den Werbern um wenigstens einen Theil Dalmatiens steht in erster Linie Montenegro. Dieser ganze Staat ist nichts, als ein felsiger Gebirgskessel, der, terrassenartig von Norden nach Süden abfallend, vielfach zerklüftet, durch steile Bergabhänge und enge Gebirgsschluchten nach Außen hin abgeschlossen, einer großen natürlichen Festung gleicht. Der Flächenraum Montenegro's beträgt nur etwa 78 Quadratmeilen und auf diesem Boden wohnen ungefähr 130,000 Menschen, d. h. kaum ein Sechstel soviel, wie in der Stadt Wien allein leben. Aber diese Wenigen können kaum von ihrer Heimath ernährt werden, denn der Boden ist wenig fruchtbar, Industrie existirt im Lande nicht und Handel kann sich nicht entwickeln, da das Gebiet der Montenegriner durch den schmalen dalmatinischen Küstenstreifen vom adriatischen Meere getrennt ist. In Folge solcher Verhältnisse ist das Volk arm und die Regierung kann nicht die zu ihrer Erhaltung nothwendigen Steuern aufbringen, so daß sie seit lange gezwungen ist, fremde, besonders russische Unterstützungen anzunehmen. Um die Lage Montenegro's zu charakterisiren genügt es, wenn man angibt, daß der gesammte jährliche

Steuerertrag in den letzten Jahren durchschnittlich 80,000 Francs, die fremden Subsidien dagegen circa 120,000 Francs jährlich betrugen.

Wie Tantalus den Labetrunk zu seinen Füßen sah und doch nicht erreichen konnte, so sehen die Montenegriner von ihren Bergen herab das blaue adriatische Meer, das ihnen den Zugang zum civilisirten Westen gewähren könnte, wenn sie an demselben einen Hafen besäßen, das ihnen Wohlstand und Reichthum sogar zu schaffen vermöchte, wenn sie von ihm nicht getrennt wären. Das politische Streben der Montenegriner geht also vor allen Dingen dahin, einen freien Zugang zur See zu gewinnen und sie haben deshalb schon die verschiedensten Versuche gemacht, sich entweder des Hafens von Spitza, südlich, oder der Suttorina, nördlich von Cattaro, zu bemächtigen. Aber bisher waren alle Bemühungen vergeblich; mit Waffengewalt wollte es nicht gehen, den Weg der Ablösung durch Geld konnte der arme Staat nicht einschlagen und die europäische Diplomatie intervenirte in dieser Beziehung nicht zu Gunsten Montenegro's, denn sie hatte wohl ein Interesse daran, diesem kleinen Staate das Leben zu fristen, aber sie wünschte nicht, daß derselbe erstarken und sich dann auf eigne Füße stellen sollte.

Es ist dem Fürsten von Montenegro gewiß nicht übel zu nehmen, wenn er in dieser Sache jedes Mittel versucht, um zu seinem Ziele zu gelangen. So unternahm er im Anfange des Jahres 1869 eine große politische Reise nach St. Petersburg und Berlin und es verlautete bald nach seiner Rückkehr, Rußland habe das Versprechen gegeben, daß es die auf die Erwerbung eines Hafens gerichteten Bestrebungen der Montenegriner ernstlich unterstützen wolle. Wenn uns je eine Nachricht glaubhaft erschienen ist, so war es damals diese. In St. Petersburg konnte man sich unmöglich der Ueberzeugung verschließen, daß der durch die Subsidien und die sonstige Protektion in natürliches Abhängigkeitsverhältniß zur russischen Regierung getretene Staat Montenegro eine vorzügliche Handhabe zur Beeinflussung der orientalischen Entwicklung geben würde, wenn er festen Fuß am adriatischen Meere gefaßt hätte. Rußland besitzt in Rumänien schon einen Halt an der unteren Donau, von dem aus es

glaubt, der Türkei und unter Umständen auch Oesterreich-Ungarn
Schach bieten zu können, warum sollte es nicht bestrebt sein, sich in
Montenegro noch einen zweiten, vielleicht noch stärkeren am abriati-
schen Meere zu schaffen?

Indessen Versprechungen, welche die Diplomatie gibt, werden
oftmals gar nicht, oftmals erst sehr spät gehalten und mag der Fürst
von Montenegro in Petersburg und in Berlin noch so bestimmte
Zusagen in Betreff des Hafens erhalten haben, bis heute sind dieselben ohne praktischen Erfolg gewesen. Aber Hoffnungen mag der
Fürst noch immer hegen und es unterliegt wohl keinem Zweifel, daß
er gern bereit sein dürfte, jede Mißstimmung der Bevölkerung in der
Boccha von Cattaro in seinem Interesse auszubeuten, denn gerade
dieses äußerste südlichste Ende von Dalmatien ist dasjenige, wonach
sich sein Herz sehnt. Es soll hiermit indessen keineswegs gesagt sein,
daß die Veranlassung zu dem Aufstande der Bocchesen etwa montenegrinische Agitation gewesen sei.

Ueber allen Zweifel ist aber die Thatsache erhaben, daß in der
Boccha bereits vor dem Ausbruche des Aufstandes geheime Vorgänge
eigenthümlicher Art stattgefunden haben, von denen die österreichische
Regierung sogar unterrichtet war. Freilich erhielt sie die Nachricht
davon erst im September, aber immer doch noch etwa vier Wochen
früher, als der Aufstand begann. Die Regierung hätte also immerhin im October 1869 bereits Vorkehrungen getroffen haben können,
um der Erhebung vorzubeugen.

Der Leser wird sich erinnern, daß der Reichskanzler Graf Beust
im September 1869 eine Reise nach Süddeutschland machte, die ur-
sprünglich auf längere Zeit ausgedehnt werden sollte, aber plötzlich
abgebrochen wurde. Graf Beust kehrte so schnell nach Wien zurück,
daß dies allgemeine Verwunderung erregte, den Grund wußte indessen
niemand zu finden. Unter den zahlreichen Vermuthungen, die über
diese Thatsache damals ausgesprochen wurden, ging eine Bemerkung
eines größeren Pester Blattes ziemlich unbeachtet vorüber, obgleich
sie aller Wahrscheinlichkeit nach wirklich das Richtige getroffen hatte.
Ein Wiener Correspondent meldete diesem Blatte, dem „Neuen freien
Lloyd" nämlich unter dem 26. September 1869: „Es sollen während

seiner (des Reichskanzlers) Abwesenheit hier im auswärtigen Amte Mittheilungen österreichischer Agenten aus dem Oriente eingetroffen sein, welche die dortigen Verhältnisse in keineswegs rosigem Lichte erscheinen lassen und die Anwesenheit des Grafen Beust in Wien bringend wünschenswerth machten." (Vergleiche „N. fr. Pr." 1869, No. 99 Abend-Ausgabe.) Wenige Tage später machte derselbe Correspondent folgende, vom 29. September datirten näheren Angaben: „Während die Kabinette von Oesterreich, Preußen und Rußland über eine Annäherung verhandelten und dabei die übrigen Beziehungen vorläufig außer Acht ließen, hielt es England für gerathen, die Krankheit Napoleons zu einem geschickten Schachzuge zu benutzen und es sandte eine starke Flotte in das Mittelmeer, welche einerseits im Stande sein dürfte, dieses ganz zu beherrschen, andrerseits die Aufgabe hat, den Forderungen, die der Sultan an den Vizekönig von Egypten gestellt hat, Nachdruck zu verleihen. Dies sind bekannte Thatsachen. Weniger bekannt aber dürfte sein, daß Napoleon, der trotz seiner angegriffenen Gesundheit die Verhältnisse sehr genau verfolgt zu haben scheint, fast in demselben Momente, während sich die vereinigte englische Flotte bei Malta aufstellte, eine Note nach Wien gelangen ließ, worin die diesseitige Regierung auf die Lage der Dinge in Montenegro aufmerksam gemacht und namentlich auf die besonders in der letzten Zeit dort stark betriebenen Rüstungen hingewiesen wurde. Wie man mir mittheilt, sollten jene Rüstungen, welche zum Theil auch darauf hinauslaufen, den jetzt noch zu Oesterreich gehörigen Streifen Küstenland, der Montenegro vom Meere trennt, zu gewinnen, nach jener Note wesentlich durch englische Geldmittel unterstützt worden sein. Diese allerdings höchst wichtige Nachricht soll dem Reichskanzler zur sofortigen Rückkehr nach Wien veranlaßt haben." (Vergleiche „N. fr. A." 1869, No. 102 Abend-Ausgabe.)

Als diese Correspondenz geschrieben worden, also am 29. September, dachte im großen Publikum noch kein Mensch daran, daß ein Aufstand in Dalmatien überhaupt ausbrechen werde. Die ersten Nachrichten über den Letzteren kamen erst volle acht Tage später nach Wien und hervorgehoben muß ferner noch werden, daß jene Mittheilungen kein officiöses Dementi gefunden haben, was in Oesterreich, wo sonst jede noch so unbedeutende Bemerkung, zuweilen sogar wenn sie zutrifft, dementirt wird, sehr für die Richtigkeit der Angaben in jenen Correspondenzen spricht.

Zur Ergänzung unsrer Darstellung oder um eine irrige Auffassung derselben zu verhindern, müssen wir übrigens darauf hinweisen, daß wenn, wie wir erwähnt haben, Rußland einerseits und England andrerseits bereit sein sollten, die Bestrebungen der Montenegriner zu unterstützen, hieraus noch lange nicht gefolgert werden darf, jene beiden Mächte würden in der orientalischen Frage, von der die montenegrinische einen Theil bildet, jemals mit einander Hand in Hand gehen. Freilich sind seit dem Krimkriege sehr wesentliche Veränderungen sowohl in Bezug auf den Orient, wie in der europäischen Lage überhaupt eingetreten, aber doch haben sich jene Interessen, welche damals die Koalition gegen Rußland hervorriefen, nicht geändert, und daher kann man nur annehmen, daß, wenn das Letztere ebenso wie England die Montenegriner protegirt, jeder dieser beiden Staaten für sich aus der Protektion Nutzen zu ziehen suchen wird zum Schaden des Andern. Beide mögen scheinbar gelegentlich in dieser Sache zusammengehen, aber es geschieht das dann doch nur in dem Sinne, wie der Naturforscher das äußerlich friedliche und freundschaftliche Nebeneinandertrollen von Rhinozeros und Tiger erklärt, daß nämlich beide parallel gehen, um sich gegenseitig besser überwachen und im passenden Momente wirksamer angreifen zu können.

Wie dem übrigens auch sein möge, unter allen Umständen steht es fest, daß sich sowohl England wie Rußland einen möglichst weitgehenden Einfluß auf Montenegro zu erhalten suchen. Ebenso unterliegt es aber auch nicht dem geringsten Zweifel, daß die Mißstimmung, welche, wie wir erwähnt haben, in Dalmatien gegen die österreichische Regierung vorhanden war, seit lange durch auswärtige Einflüsse genährt worden ist.

Wenn wir übrigens von der schlechten Verwaltung Dalmatiens durch die österreichische Regierung gesprochen haben, so haben wir damit unter Bezugnahme auf das dalmatinische Gebiet im Wesent=

lichen nur das wiederholt, was man bis vor wenigen Jahren vom ganzen Kaiserstaat mit Recht sagte. Die Zeiten der Reaktion haben überall, soweit die Gränzen Oesterreich-Ungarns reichen, Mißstände der schlimmsten Art und in Folge dessen auch unterdrückte Opposition und Unzufriedenheit erzeugt. Seit 1866 ist das anders geworden, man hat gesehen, daß es der Regierung ernstlich darum zu thun ist, die Verhältnisse zu bessern, und wenn auch heute die einzelnen Nationalitäten des Reiches noch mit einander habern, so unterliegt es doch keinem Zweifel, daß der innere Frieden Oesterreichs in diesem Augenblicke im Allgemeinen viel gesicherter erscheinen muß, als vor jenem Kriegsjahre.

Auch in Dalmatien, wir sind dessen überzeugt, hat die liberale Regierung die Verhältnisse zu ändern und zu bessern gesucht, soweit dies in ihrer Macht stand, aber die Arbeit war hier eine ganz besonders schwierige, theils wegen der großen Entfernung vom Centrum des Reiches theils weil die Bevölkerung mit Mißtrauen entgegen kam. Und dann ist es der größten Anstrengung, dem redlichsten Willen jedenfalls sehr schwer, in kurzer Zeit die viele Jahre, ein halbes Jahrhundert alte Unzufriedenheit eines solchen Volksstammes, wie der hier in Rede stehende ist, zu beseitigen; es wird dies aber beinahe zur Unmöglichkeit, wenn äußere Einflüsse fortdauernd thätig sind, um die mißvergnügte Stimmung künstlich zu erhalten oder wohl gar zu verstärken. Darum wäre es sehr falsch und ungerecht, wenn man der gegenwärtigen Regierung die Hauptschuld an dem dalmatinischen Aufstande beimessen wollte. Daß aber fremde Einflüsse wirklich vorhanden gewesen sind und daß Fremde, namentlich Montenegriner, sich wirklich am Kampfe betheiligt haben, wird ganz besonders auch die folgende Darstellung der Kriegsereignisse selbst zeigen.

Die Unzufriedenheit der Bevölkerung, besonders in der Boccha, war also eine wahrscheinlich seit lange selbst der Regierung nicht unbekannte Thatsache und sie wäre vielleicht im Laufe der Zeit trotz aller Machinationen durch vernünftige Maßregeln besiegt worden, wenn nicht ein Ereigniß eingetreten wäre, welches dieselbe in hellen Flammen auflodern ließ.

Die Durchführung des neuen Wehrgesetzes verlangte, daß auch

in den bisher vom Heeresdienst freien Distrikten Dalmatiens eine Aushebung der militärpflichtigen Mannschaften angeordnet werden mußte. Die amtliche Publikation, durch welche dies Geschäft geregelt und die Einreihung in die Aushebungslisten für die verschiedenen Distrikte festgesetzt wurde, ist vom 22. September 1869 datirt. Als Termin der Ausführung waren darin acht Tage bestimmt und sollte die Arbeit nach dreimaliger Veröffentlichung des Erlasses — die letzte derselben fand im Amtsblatte vom 5. October statt — am 6. October 1869 in Curzola beginnen und von dort progressiv nach Ragusa und Cattaro vorschreiten.

Von Seiten der Bevölkerung wurde diese Anordnung mit dem größten Widerwillen aufgenommen. Die Bocchesen waren bisher, wie schon bemerkt, nie zum Militärdienst herangezogen worden, sie erklärten überall, sie seien ein Marinevolk, als Seeleute wollten sie auf den kaiserlichen Schiffen dienen, aber als Landtruppen würden sie sich nicht einreihen lassen. Eine solche Opposition war äußerst erklärlich, einmal weil den Leuten eine neue Pflicht auferlegt wurde und dann, weil diese Pflicht von ihnen verlangte, daß sie wenigstens zeitweise ihre uralten von Generation zu Generation fortgeerbten liebgewonnenen Gewohnheiten aufgeben, ihre Nationaltracht ablegen und sich in die ihnen verhaßte Uniform zwängen sollten. Trotzdem haben die Behörden zweifellos nicht im Entferntesten geahnt, daß der Widerwille gegen die Aushebung vom Wort zur That führen würde.

Am 6. October sollte, wie gesagt, die Conscription in Curzola beginnen und sie begann, d. h. es begann der thätliche Widerstand gegen dieselbe: Der 6. October ist der Tag, an welchem die Insurrektion in Dalmatien ihren Anfang nahm.

Hätten damals in jenem Moment die kaiserlichen Behörden in Dalmatien die Sache nicht so leicht aufgefaßt, als sie es gethan, hätten sie nicht den Versuch gemacht, die Conscription mit Gewalt durchzuführen, sondern lieber die Verantwortlichkeit für die Suspendirung der Maßregel auf sich genommen und inzwischen weitere Instruktionen von Wien erbeten, so wäre es schwerlich zu dem gekommen, was schon wenige Tage später geschah. Man hätte sich vielleicht bei der Regierung selbst insofern zur Nachgiebigkeit stimmen lassen, als man die Durchführung des Wehrgesetzes oder vielmehr des Landwehrgesetzes, um welches es sich hier eigentlich handelte, bis zum nächsten Zusammentritte des Reichsrathes vertagt und durch eine besondere Gesetzvorlage den Wünschen der dalmatinischen Bevölkerung Rechnung getragen hätte. Wir sagen, es wäre dies vielleicht geschehen, — vielleicht auch nicht! Jedenfalls würde es aber ein Weg gewesen sein, wohl geeignet, den ganzen Feldzug zu ersparen, das Blutvergießen zu vermeiden und die Millionen zu erhalten, die der Krieg baar gekostet oder an Eigenthum vernichtet hat. Gewiß wäre, wenn die Staatsregierung so gehandelt hätte, niemand nachher aufgetreten, der sie deswegen getadelt haben würde.

Doch erwidert man uns vielleicht, daß dieser gütliche Weg incorrekt gewesen wäre, daß die Regierung vor allen Dingen die Aufgabe habe, den bestehenden Gesetzen Achtung zu verschaffen, das von den Bocchesen mißachtete Landwehrgesetz sei aber ein verfassungsmäßig festgestelltes Gesetz, so gut wie jedes andre u. s. f. Wir wollen vom gesetzlichen Standpunkte aus die dalmatinischen Insurgenten keineswegs in Schutz nehmen, aber doch glauben wir ein Wort zu ihrer Entschuldigung in diesem Falle sagen zu dürfen. Die Bocchesen sind durch ihre Heimath für die Marine geboren, sie haben einen Widerwillen gegen den Landdienst und — um Moritz Jókai's Worte anzuwenden — „wir glauben, daß auch dann ein Aufstand entstünde, wenn man die Szekler zur Marine einreihen wollte."

Doch alle solche Betrachtungen können nur in einer kritischen Darstellung der Ereignisse Platz finden, sie dürfen aber auch hier den historischen Zusammenhang der Thatsachen nicht allzuweit auseinanderbringen. Indem wir deswegen zu dem letzteren übergehen, wollen wir hier nur noch einige Worte citiren, welche in einem Originalbriefe enthalten waren, den der „Wanderer" zum Abdruck gelangen ließ und der aus der Boccha di Cattaro vom 19. October datirt war. Die Worte lauten:

„Die Leute (die Insurgenten) sollen bereit sein, sich zu ergeben, und sich der Landwehrpflicht zu unterziehen, nur nicht unter den gegebenen Bedingungen. Sie wollen ihr nationales Kostüm beibehalten, auch die Gewehre sollen die bei ihnen üblichen sein. Auch wollen sie nur innerhalb der Grenze der Bezirkshauptmannschaft verwendet werden. Die lange Schifffahrt soll frei sein, daher ihnen auch während der Landwehrdienstzeit nach Belieben ins Ausland zu gehen erlaubt sein müßte. Als diplomatischen Vermittler verlangen sie den Ex-Gouverneur FML. Baron Philippovic; mit R. von Wagner wollen sie nicht paktiren. Der schriftliche Vertrag, in welchem ihnen zugestanden wird, daß sie keine Strafe erhalten, und der zugleich die erwähnten Bedingnisse des Landwehrdienstes enthalten soll, müßte von Sr. Majestät dem Kaiser eigenhändig unterschrieben sein, indem sie den Militär- und Civilbeamten kein Vertrauen schenken."

Nach den sonstigen ungemein genauen Mittheilungen desselben Correspondenten darf man wohl annehmen, daß er auch in diesem Punkte gut unterrichtet war, und dies vorausgesetzt, erscheint wohl die Frage gerechtfertigt, warum die damals in Dalmatien leitenden Regierungsorgane gar keine Versuche gemacht haben, einen Ausgleich mit den Aufständischen zu erzielen.

Drittes Kapitel.

Vom 6. bis 18. October. — Die Entwicklung des Aufstandes. — Gefecht bei Krivosie. — Kriegsvorbereitungen. — Vermittlungsversuche des Fürsten von Montenegro.

Nachdem wir die Entstehungsursache des Aufstandes bereits im vorigen Kapitel im Allgemeinen angegeben haben, erübrigt es hier noch einige Details über die Art und Weise, wie sich die Bewegung entwickelte, mitzutheilen. Anfänglich zeigten sich nur die Ortschaften Dobrota, Perzagno und Perasto widerspenstig, indem sie erklärten, ihre jungen Leute in die Listen der Landwehrpflichtigen nicht eintragen zu lassen. Eine besondre Bestimmung in Artikel III des Wehrgesetzes vom 5. Dezember 1868 verfügt nämlich: „Die bisher vom Militär-Dienste gänzlich befreit gewesenen Wehrpflichtigen des ehemaligen Kreises Cattaro und des Festlandes des ehemaligen Kreises von Ragusa im Königreiche Damatien haben der Wehrpflicht nur in der Landwehr zu genügen." Aber auch hiermit waren die Cattarenser nicht zufrieden, sie wollten sich außerhalb ihres Territoriums gar nicht, auch nicht einmal in der Landwehr verwenden lassen und da sie in dieser Meinung von ihren Gemeinde=Vorständen, wenn auch nicht offen, so doch im Geheimen unterstützt wurden, so blieb den Assent=Commissionen nichts übrig, als an die Einstellung ihrer Thätigkeit zu denken.

Inzwischen wurden die Termine zu den Aushebungen wiederholt in den Amtsblättern publizirt und der Bezirkshauptmann Ritter von Franz versuchte durch gütliche Unterhandlungen namentlich auf die Gemeinde=Vorstände zu wirken, leider jedoch war dieser Beamtete überall im höchsten Grade unpopulär und seine Intervention in Folge dessen gänzlich ohne Erfolg. Das Beispiel jener drei Gemeinden, welche eine offene Erklärung abgegeben hatten, zündete außerdem und die Risanoten, Zuppaner und wie die Bewohner der Boccha nach ihren Heimatorten alle heißen, beschlossen, es den Männern von Dobrota, Perzagno und Perasto gleich zu thun. Das Festungskommando von Cattaro drohte nun, wenn irgendwo der Widerstand vom Worte zur That übergehen würde, sofort das Standrecht zu publiziren. Gleichzeitig wurde aber von dem Kommandanten mittelst eines eignen Dampfers ein Courier nach Zara gesendet, um dem Gouvernement anzuzeigen, daß es starker Truppenabtheilungen bedürfen würde, um die Assentirung zu erzwingen, denn der Geist der Bevölkerung sei im ganzen Territorium der Art, daß man nicht annehmen könne, auch nur eine Ortschaft werde die Konscription freiwillig geschehen lassen. Es geht hieraus hervor, daß sich der Festungskommandant über den Erfolg der erwähnten Drohung, die in der That kein Gehör fand, nicht getäuscht hatte. Uebrigens versammelten sich in Folge jener Drohung die Vorstände und Notablen der Gemeinden in Cattaro, aber sie beschlossen, eine Petition an den Kaiser zu richten, in welcher sie baten: Erstens, daß die Landwehr des Kreises Cattaro nie außerhalb des Kreises verwendet werde; daß zweitens es den Landwehr=Rekruten gestattet werde, sobald sie einmal einexerzirt seien, nach Belieben zu reisen, und drittens, daß in der Landwehr-Uniform die nationale Tracht berücksichtigt werde.

Die Bezirkshauptmannschaft von Cattaro, die darum angegangen wurde, versprach zwar, daß sie die Petition an den Gouverneur von Zara absenden wollte, jedoch nur unter der Bedingung, daß die Cattarenser dem Gesetze Gehorsam leisten, d. h. der Konscription keinen Widerstand entgegensetzen würden. Uebrigens ist, obgleich diese Bedingung nicht erfüllt wurde, die Petition nicht nur nach Zara, sondern auch nach Wien gelangt, aber hier ist sie erst eingetroffen, als der Aufstand bereits ausgebrochen war, eine Antwort also der gänzlich veränderten Sachlage wegen gar nicht mehr erfolgen konnte. Es trifft daher die dalmatinischen Behörden der Vorwurf, daß sie, obgleich sie den Ernst der Situation vollkommen kannten, die Assentirung nicht bis zum Eintreffen der kaiserlichen Entscheidung verzögerten. Hätten sie dies gethan, so wäre wahrscheinlich Alles anders geworden.

Wir sagten soeben, die Behörden in Dalmatien hätten den Ernst der Situation vollkommen gekannt. Daß dies richtig ist, geht einmal aus der erwähnten Absendung eines Couriers von Cattaro nach Zara hervor und ferner aus dem Umstande, daß bereits an dem Tage, als die Konscription beginnen sollte, als der Aufstand also noch nicht ausgebrochen war, wenigstens die Nachricht davon noch nicht in Zara eingetroffen sein konnte, daß bereits am 6. October die Gebirgs-Artillerie von Zara in die Bocche di Cattaro abging. Erwähnt muß übrigens noch werden, daß das Gouvernement einen Herrn Bizzarro, einen geborenen Ragusaner, der seiner Muttersprache vollkommen mächtig ist und mithin wohl im Stande gewesen wäre, der Bevölkerung Vertrauen einzuflößen, nach Ragusa und Cattaro absandte, die Bemühungen dieses Herrn jedoch gänzlich erfolglos blieben, er sogar bei den Gemeinden, an die er sich wandte, gar kein Gehör fand, da bereits die Petition an den Kaiser verfaßt war und die Opponenten jetzt nur noch mit einem von dem Letzteren bevollmächtigten Mann verhandeln wollten.

So standen die Sachen am 6. October. An diesem Tage sollte die Assentirung in Curzola vor sich gehen. An eine Sistirung der

Maßregel dachten die Behörden nicht, sie versuchten Gewalt anzuwenden und gaben damit das Signal zum Aufstande. Zu ihrer größten Ueberraschung fanden die kaiserlichen Beamteten jetzt, daß die bewaffnete Erhebung bereits lange Zeit vorher vollständig organisirt gewesen sein mußte. Wie mit einem Schlage wurden alle strategisch wichtigen Punkte von einer sogenannten „Wojska" (slavisch: Kriegerabtheilung) oder deren mehrere besetzt, von denen jede sechzig Mann stark war. Es zeigte sich ferner, daß die wehrfähige Bevölkerung des cattaresischen Gebietes für den Fall eines Aufstandes längst schon in eine Menge solcher Kriegerabtheilungen eingetheilt war, deren jede ihre Führer sich bereits in aller Stille gewählt hatte.

Von hohem Interesse und zugleich das Ebengesagte bestätigend ist die Schilderung, welche ein Augenzeuge im „Wanderer" von der Physiognomie des Aufstandes in seinen ersten Stadien entwirft. Er sagt unter Anderem:

„Die Insurgenten lagern auf den Gebirgen, getheilt in kleine Gruppen von 30 bis 60 Mann; ihr Führer heißt Broncic und ist ein sehr reicher Bauer von Zuppa. Ein hoher schöner Mann leitet er mit zwölf anderen intelligenten Bocchesen den ganzen Aufstand, welcher nur von 1800 in Waffen tüchtig geübten jungen Leuten geführt wird. Jeder Mann besitzt ein Gewehr, drei bis vier Pistolen (die Waffen nach dem neuesten System), Handschar und kleinere scharf geschliffene Messer; gekleidet sind die Leute in ihr malerisches, mit Silber gesticktes orientalisches Kostüm; mit Nahrungsmitteln sind sie reichlich versorgt. All ihr Vieh, Esel, Ochsen, Schaafe und Schweine haben sie, sowie ihre Familien nach Grahova (türkisches Gebiet) geschickt. Eine Abtheilung wird von der andern durch einen Gewehrschuß verständigt und durch Boten über jede Disposition des Befehlshabers mündlich in Kenntniß gesetzt. Wenn ein Lloyddampfer durch den Kanal von Cattaro zieht, wird von jedem Gebirgshügel ein Schuß abgefeuert als Signal, aber nicht gegen die Passagiere oder das Schiffspersonal. Wenn sie eines Kriegsdampfers mit Truppen ansichtig werden, so wird er durch zwei Gewehrschüsse avisirt. Alle Straßen, selbst die kleinsten Wege, haben sie durch hingeworfene Steinmassen unfahrbar gemacht. Rings um ihre befestigten Lager haben sie tiefe Gruben ausgehoben, so daß ihnen schwer beizukommen ist."

Nachdem es überhaupt einmal zum offenen Aufstande gekommen war, wurde von Seiten der Behörden kein Versuch mehr zu einem gütlichen Ausgleich gemacht, vielmehr dachten dieselben jetzt nur noch daran, die militärischen Positionen der Truppen zu verstärken, um später mit Erfolg gegen die Insurgenten operiren zu können. Hierbei gingen sie theilweise mit einer Naivetät zu Werke, die wahrhaft beispiellos dasteht und eine Katastrophe höchst bedauerlicher Art, nämlich das Gefecht bei Krivosie zur Folge hatte.

Dies Gefecht ist in den meisten Berichten so absolut falsch dargestellt und so parteiisch geschildert, daß es schwer ist, dabei die Wahrheit von der Lüge zu unterscheiden, weswegen wir genöthigt, demselben hier eine ausführlichere Darstellung zu widmen, als die geringe Wichtigkeit dieses unbedeutenden Kampfes, dessen Opfer bekanntlich der Oberlieutenant Rinek war, eigentlich verdient.

Wir haben bereits erwähnt, daß die Insurgenten am 6. October das Gebirge besetzt und somit die Kommunikation zwischen den einzelnen militärischen Posten abgeschnitten hatten. Der Kommandant in Cattaro wünschte nun das Fort Dragali zu verstärken und demselben zugleich Proviant zuzuführen. Um dies zu ermöglichen mußte das abgesandte Detachement aber die in den Händen der Aufständischen befindliche „Krivosie" passiren. Deswegen schickte der Bezirkshauptmann Ritter von Franz einen Boten an die Vorposten der Insurgenten mit dem Auftrage, dieselben aufzufordern, daß sie eine Militär-Abtheilung von 46 Mann „als Ablösung für die Wache im Fort Dragali" durch ihre Linien ziehen lassen möchten. Die Vorposten ertheilten indessen die Antwort, der Herr Bezirkshauptmann, der, wie bereits erwähnt, eine äußerst unbeliebte Persönlichkeit war, möge selbst kommen, wenn er etwas wünsche. In Folge dieses Bescheides begab sich Ritter von Franz noch am 6. October in eigner Person zu den bei Krivosie aufgestellten Insurgenten. Er mußte hierbei fünfzehn Vorposten passiren, ehe er zu einem Anführer gelangte, mit dem er verhandeln konnte.

Schon diese Thatsachen, die wir soeben mitgetheilt haben, zeigen, daß die Bocchesen damals wenigstens noch nicht die Absicht hatten, den Krieg in der barbarischen Weise zu führen, die ihnen später so vielfach zum Vorwurf gemacht worden ist. Sie ließen den ihnen verhaßten Bezirkshauptmann ruhig zu sich kommen und ließen ihn, was noch mehr sagen will, sogar ungefährdet zurückkehren, nachdem er an sie eine Forderung gestellt hatte, welche sie, da sie einmal die Waffen in die Hand genommen, geradezu als eine Verhöhnung betrachten konnten. Der Bezirkshauptmann forderte nämlich abermals freien Durchzug für 46 Mann. Nun muß man sich klar in die Situation hineindenken, um zu erkennen, daß dieses Ansinnen mindestens eine Naivetät war. Die Verstärkungen der Truppen im Fort Dragali konnten unmöglich einen andern Zweck haben, als den Insurgenten zu schaden. Schon in den letzten Tagen vor dem Ausbruche des Aufstandes war die Besatzung dieses Forts wiederholt vermehrt worden, jetzt sollte ein neuer Zuzug kommen und Ritter von Franz muthete den Insurgenten zu, sie sollten diesen Zuzug frei passiren lassen. Wären die Letzteren hierauf ohne Widerspruch eingegangen, so hätten sie ihren Gegnern damit freiwillig einen wesentlichen Vortheil eingeräumt. Es wäre das von dem Standpunkte der Aufständischen aus eine unverzeihliche Dummheit gewesen und gewiß war es stark, ihnen dergleichen überhaupt zuzutrauen.

In der That forderte der Anführer der Bocchesen, mit dem der Bezirkshauptmann verhandelte, vor allen Dingen Aufklärung über den Zweck der Verstärkungen der Festung Dragali. Hierbei entwickelte sich ein Wortwechsel. Der Bezirkshauptmann hatte nämlich vor dem Aufstande ein Rundschreiben an die Pfarrer der verschiedenen Gemeinden erlassen, worin dieselben ex offo aufgefordert wurden, ihre Gemeinde-Mitglieder über die Aushebung aufzuklären und für dieselbe günstig zu stimmen. Nun war es vorgekommen, daß die Pfarrer in einzelnen Orten mit Gewalt an der Annahme dieser Schreiben verhindert sowie gezwungen worden waren, die Geburtsregister zu verbrennen. Diese Thatsache bildete den Gegenstand des Wortwechsels zwischen dem Bezirkshauptmann und dem Insurgenten-

Anführer. Indessen muß man auf beiden Seiten mit großer Mäßigung vorgegangen sein, denn als Ritter von Franz sich verabschiedete, hatte er wenigstens das Zugeständniß erreicht, daß fünf Soldaten am folgenden Tage auf der Hauptstraße freien Durchzug nach dem Fort Dragali haben sollten.

Die weiteren Vorgänge sind nun in ein gewisses Dunkel gehüllt, da die verschiedensten, sich widersprechenden Berichte darüber vorliegen. So wird mitgetheilt, daß am 7. October Morgens 6 Uhr der Kommandant von Dragali starke, mehrere hundert Mann zählende Insurgentenhaufen in der Nähe bemerkt habe und deshalb eine Patrouille von drei Mann mit der Bitte um Verstärkung nach Risano gesandt habe. Darauf seien von dem letzteren Punkte aus 2 Offiziere und 46 Mann in Marsch gesetzt. Diese ganze Mittheilung erscheint aus mehreren Gründen wenig zuverlässig. Erstens hätte eine Concentrirung der Insurgentenhaufen am Morgen des 7. October bei Dragali keinen ersichtlichen Zweck gehabt, ferner dürfte es, wenn eine solche wirklich stattgefunden, der Patrouille schwer geworden sein, Risano zu erreichen, und drittens ist es höchst auffallend, daß man von Risano gerade 46 Mann, also dieselbe Zahl, über deren freien Durchzug der Bezirkshauptmann mit den Aufständischen verhandelt hatte, in Marsch gesetzt haben sollte. Man wird, unsrer Ansicht nach, nicht irre gehen, wenn man annimmt, daß die Zahl sechsundvierzig in diesem Falle das Einverständniß zwischen dem Bezirkshauptmann und der Militärbehörde in Risano beweist.

Unzweifelhaft steht fest, daß am Donnerstag den 7. October gegen Mittag von Risano statt fünf Mann, wie Ritter von Franz den Insurgenten versprochen hatte, 46 Mann, kriegsmäßig ausgerüstete Soldaten, an deren Spitze sich der Oberlieutenant Ladislaus Rinek befand, nach Dragali gesendet wurden. Wußte Herr von Franz um diese Sache, d. h. geschah dieselbe mit seinem Einverständniß, so war dies eine offenbare Treulosigkeit seinerseits, welche die ernstesten Folgen haben mußte, denn er hatte den Aufständischen das Versprechen gegeben, nur fünf Mann zu schicken, und es war vorauszusehen, daß die Insurgenten mit den Waffen in der Hand jede größere Zahl zurückweisen würden, daß es also zu einem blutigen

Zusammenstoße kommen mußte, sobald die Bocchesen sich getäuscht sahen. Zur Ehre des Bezirkshauptmannes wollen wir annehmen, daß der Militärkommandant von Risano der früheren Abmachung gefolgt war und daß es Herrn von Franz nicht mehr möglich gewesen, dies zu verhindern, also sein den Insurgenten gegebenes Wort zu lösen.

Eine authentische Aufklärung und genaue Untersuchung dieses Punktes wäre um so wichtiger, als das Gefecht von Krivosie der erste ernste Zusammenstoß zwischen den Truppen und den Aufständischen war. Die Art, wie dies Gefecht verlief, erregte auf beiden Seiten die bedauerliche Erbitterung, welche jedes weitere Verhandeln unmöglich machte. Obgleich dabei auf beiden Seiten nur kleine Abtheilungen engagirt waren, so waren die Folgen des Zusammenstoßes doch von der weittragendsten Bedeutung.

Als sich Oberlieutenant Rinek mit seinen Mannschaften Krivosie näherte, zogen sich die dortigen Vorposten anfangs zurück, bald rückte jedoch eine, wenn auch wenig zahlreiche, so doch geschlossene Schaar Insurgenten an, deren Führer den kaiserlichen Truppen ein „stante" zurief; gleichzeitig trat er vor und erklärte, daß nur fünf Mann die Straße passiren dürften, die Uebrigen sollten umkehren. Jetzt beging Rinek, vielleicht durch die drohende Haltung, welche die Aufständischen einnahmen, außer Fassung gebracht, die Unklugheit, „Feuer" zu kommandiren. Die Schüsse krachten und in seinem Blute wälzte sich — ein Mann, der unbewaffnet mit einem beladenen Esel zufällig die Straße zog; von den Insurgenten war trotz der geringen Entfernung niemand verletzt. Aber die Letzteren zauderten nun auch nicht mehr, sie griffen an und unter ihnen befand sich der Bruder des Getödteten. Dieser — wir haben erwähnt, daß in der Boccha die Blutrache herrscht — stürzte sich mit geschwungenem Handschar mitten in die Militär-Abtheilung hinein, riß den Oberlieutenant zu Boden, trat ihn mit Füßen und schnitt ihm den Kopf ab, ohne von den Soldaten, welche selbst auf das Heftigste bedrängt wurden, gehindert oder auch nur verwundet werden zu können.

Ob die Truppen-Abtheilung auf dem Marsche überhaupt nicht die nöthigen Vorsichtsmaßregeln, um gegen einen Angriff möglichst geschützt zu sein, angewandt haben, ist zweifelhaft, sicher aber ist, daß sie sich beim Beginne des Gefechtes in viel ungünstigerer Position als die Insurgenten befanden, sie mußten daher unter lebhaftem Feuer zurückweichen, stets verfolgt und stets zur Vertheidigung gezwungen. Endlich erreichten sie Risano, nachdem auf beiden Seiten Todte und Verwundete geblieben waren. Wie es heißt, fiel auch der unter den Aufständischen kämpfende Gemeinde-Vorsteher von Lebenice, welche Thatsache jedoch nicht constatirt ist.

Die nächste Folge dieses Ereignisses war, daß die Feindseligkeiten offen fortgesetzt wurden. Die im Lande verstreuten Gendarmerieposten wurden theils verjagt, theils ermordet und das Festungscommando von Cattaro durch genaue Bewachung aller Straßen und Wege verhindert, die in den einzelnen Forts und Caselli's befindlichen, größtentheils nur aus wenigen Mannschaften bestehenden Besatzungen mit Proviant zu versehen und zu verstärken. Der Krieg hatte also seinen Anfang genommen.

Drei Tage nach dem unglücklichen Gefecht versuchte dessen ungeachtet der Bezirkshauptmann abermals, durch Verhandlung mit den Insurgenten für eine Truppen-Abtheilung den freien Durchzug nach Fort Dragali zu erlangen. Natürlich war dies wiederum ein Schritt, der nicht das gewünschte Resultat hatte. Die Aufständischen schlugen die freie Passage für die Truppen rund weg ab, indessen erklärten sie, sie würden, wenn er den im Fort befindlichen Truppen Mittheilungen zu machen habe, dieselben selbst uneröffnet übergeben. Es ist dies wiederum ein äußerst charakteristisches Zugeständniß. Wir fragen nur, wo in aller Welt kommt es sonst vor, daß eine kriegführende Partei sich offen zu Botendiensten für ihre Gegner bereit erklärt?! Noch charakteristischer ist aber, daß Ritter von Franz das Anerbieten annahm und den Insurgenten wirklich ein für die Besatzung von Dragali bestimmtes Schreiben übergab. Wenn irgend etwas, so dürften diese Fakta beweisen, daß es selbst damals noch nicht zu einem gütlichen Ausgleiche zu spät gewesen.

Die Insurgenten sandten zwei ihrer Leute mit dem ihnen anvertrauten Schriftstück nach Dragali. Hier mußte man indessen die Absicht der beiden bewaffneten Männer mißverstehen, denn sie wurden, als sie sich näherten, vom Fort aus durch Gewehrschüsse niedergestreckt. Dergleichen erregte unter den Aufständischen natürlich einen Grad der Erbitterung, wie ihn nur ein Volksstamm gleich den Bocchesen kennt, und es ist gar nicht zu bezweifeln, daß mancherlei schwer zu rechtfertigende Ausschreitungen die Folge waren. Anbrerseits kann man jedoch auch nicht behaupten, daß das Militär gänzlich vorwurfsfrei blieb; so wurden beispielsweise gegen Abend des 10. October in der Nähe von Risano durch Militär-Patrouillen drei Männer erschossen, welche keineswegs zu den Insurgenten gehörten, sondern ruhige auf dem Heimwege begriffene Bewohner des Ortes waren.

Unter den Ausschreitungen der Aufständischen hat man auch das Schießen auf Lloydbampfer erzählt, es ist dies indessen nicht constatirt und dürfte vielleicht auf einer Verwechslung beruhen, da wie wir erwähnt haben, bei der Ankunft solcher Dampfer Signalschüsse abgegeben wurden.

Sehr bald hatten übrigens die kaiserlichen Behörden erkannt, daß die Unterbrückung des Aufstandes mit den in Dalmatien vorhandenen Militärkräften unmöglich sein würde. In ganz Dalmatien befanden sich nämlich vor Beginn des Aufstandes außer der Artillerie folgende Truppentheile: Das 20. Jäger-Bataillon in Spalato, das 27. in Budua, dann das 22. Infanterie-Regiment in Ragusa, das 44. in Cattaro und das 47. in Zara dislocirt. Deswegen wandte sich der Militär- und Civil-Gouverneur von Dalmatien FML. Wagner sowohl nach Wien an das Ministerium, wie nach Triest um Verstärkung. Die nächste Folge dieses Schrittes war der vom 9. October datirte nachstehende Ministerial-Erlaß:

„Auf Grund des Gesetzes vom 5. Mai 1869 werden in Folge eines vom Gesammtministerium am 9. October 1869 gefaßten Beschlusses, nach eingeholter Allerhöchster Genehmigung die Bestimmungen der Artikel 8, 9, 10, 12 und 13 des Staatsgrundgesetzes über die allgemeinen Rechte der Staatsbürger vom 21. Dezember 1867 in dem Gebiete der Bezirkshauptmannschaft Cattaro zeitweilig außer Wirksamkeit gesetzt und es haben vom Tage der Kundmachung dieser Verordnung die Bestimmungen der Paragraphen 3, 4, 5, 6 und 7 des Gesetzes vom 5. Mai 1869 sowie, insoweit es sich um die Bestrafung der Uebertretungen gegen die daselbst enthaltenen Vorschriften handelt, der §. 9 dieses Gesetzes in Anwendung zu treten.

Gegenwärtige Verordnung tritt mit ihrer Kundmachung in Wirksamkeit.

Taaffe m. p. Plener m. p. Hasner m. p. Giskra m. p. Herbst m. p. Brestel m. p. Berger m. p."

Es war also über das aufständische Gebiet der Ausnahmezustand in der gesetzlich vorgeschriebenen Form erklärt.

In der Nacht vom 9. October wurde ferner an alle Küstenstationen der telegraphische Befehl erlassen, die Kanonenboote „Reka" und „Kerka", welche sich unterwegs auf der Reise nach der Levante befanden, aufzuhalten und nach der Bocche zu beordern. Der Dampfer „Taurus", welcher von den Sulina-Mündungen nach Pola zurückgekehrt war, erhielt außerdem den Befehl, stets vorgeschobene Feuer zu haben und im Kanale von Cattaro in steter Bewegung zu bleiben. Telegraphisch wurde sodann die Ausrüstung des Dampfers „Lucia", sowie der Panzerfregatte „Habsburg" angeordnet. Aehnliche Ordres erhielten noch mehrere andre Schiffe. Man sieht hieraus, daß die Regierung die Sache jetzt entschieden sehr ernst nahm.

Am 10. October kam in Zara die Kanoniere „Streiter" von Pola an und schiffte Pulver, Munition, Bettzeug und eine Genie-Compagnie aus. Auf demselben Schiffe begab sich sodann der Gouverneur von Wagner in der Nacht vom 10. zum 11. nach Cattaro, wagte dort indessen nicht an's Land zu gehen, da der Aufstand inzwischen bereits die sämmtlichen benachbarten Bezirke von Crivoscie, Pastrovicchio und die Zuppa ergriffen hatte und beherrschte. In Folge dessen kehrte der Gouverneur unverrichteter Sache nach Zara zurück. Uebrigens war die Gefahr keineswegs eine blos eingebildete, die Insurgenten hatten sich auch an Zahl sehr bedeutend verstärkt, da sie lebhaften Zuzug aus der Herzegowina und Montenegro erhalten hatten.

Bevor FML. von Wagner seine Fahrt nach Cattaro unternommen hatte, erließ er noch am 10. eine Proklamation an die Bevölkerung der aufständischen Bezirke, in welcher er dieselben aufforderte: „den Gesetzen zu gehorchen und den reaktionären Bestrebungen zu entsagen." An dem gleichen Tage sandte er auch zwei Telegramme an die Regierung nach Wien, worin er dringend um Verstärkung, namentlich um ein Jäger-Bataillon bat. In Folge dessen beschloß das Kriegsministerium, daß die Verstärkungen nicht als Cadres, sondern mit erhöhtem Stande nach Dalmatien abgesandt werden sollten. Es wurde demnach die Versetzung des Infanterie-Regiments Maroicic Nr. 7, des 8. und 9. Jäger-Bataillons, sowie der Gebirgs-Batterie in Dalmatien auf einen dem systemisirten Kriegsstande möglichst nahegebrachten Stand und deren Absendung nach Cattaro angeordnet. Gleichzeitig wurden noch weitere Vorbereitungen getroffen, höhere Gebühren der Mannschaft, die Verabfolgung erhöhter Fleisch- und Weinrationen, die Zusendung von Proviant im ausgedehntesten Maße, von Monturen, wollenen Winterdecken (sogenannten Kotzen) und allen sonstigen Bedürfnissen für die Verpflegung der Truppen, sowie die Absendung von Aerzten und einer Sanitäts-Kompagnie verfügt.

Hervorgehoben muß werden, daß, während so die Regierung das Ihrige that, um auf alle Fälle vorbereitet zu sein, FML. von Wagner jetzt persönlich den ernstlichen Versuch zu unterhandeln machte. Er setzte sich mit Ortsvorstehern und anderen angesehenen Männern in Verbindung und trachtete auf die Weise, weiteren Kämpfen zuvorzukommen, aber einestheils scheint es, als ob die Stimmung der Aufständischen jetzt nicht mehr den Unterhandlungen besonders günstig gewesen — wenigstens dürfte man dies aus einer amtlichen nach Wien gesandten Depesche Wagner's vom 12. October schließen —, andrerseits aber möchte man fast annehmen, daß Bezirkshauptmann von Franz das verdarb, was FML. von Wagner gut zu machen bestrebt war. In Folge der Thätigkeit des Letzteren ergriff nämlich der nationale Abgeordnete Bürgermeister Vojnovic die Initiative, um eine Versammlung hervorragender Männer auf den 14. October nach Castelnuovo zu berufen. In dieser Versammlung wurde eine aus neun Knäsen bestehende Deputation gewählt, welche die Vermittlung übernehmen sollte. Wirklich traten diese Männer sofort mit den Insurgenten-Chefs zusammen und sie vermochten dieselben zu der feierlich abgegebenen Erklärung, daß sie sich unterwerfen wollten, wenn ihnen durch kaiserliches Handschreiben die in der früher erwähnten Petition aufgeführten Punkte bewilligt würden. Mit dieser Erklärung kehrten die neun Deputirten nach Castelnuovo zu der inzwischen vertagten Versammlung zurück, bei welcher Bezirkshauptmann Franz als Regierungs-Commissar fungirte. An den Letzteren richtete nun, nachdem der Bescheid gehört worden war, der Vorsitzende Vojnovic die Frage: was er hierauf zu thun gedenke. Franz antwortete, daß an eine Befürwortung kaiserlicher Zugeständnisse gar nicht zu denken sei, „mit Gewalt müsse man den Barbaren eine Lektion geben". Durch diese Worte waren alle weiteren Verhandlungen abgebrochen, Bürgermeister Vojnovic reiste zwar noch denselben Tag sofort von Castelnuovo nach Wien ab, konnte hier aber erst eintreffen, als die Verhältnisse schon so weit gediehen waren, daß seine Bemühungen vergeblich bleiben mußten.

Inzwischen ereignete sich übrigens noch eine äußerst wichtige Thatsache. Am 18. October meldete FML. Wagner telegraphisch nach Wien, daß der Fürst von Montenegro Abgesandte an ihn geschickt habe, welche des Letzteren gute Dienste zur Beschwichtigung der Aufständischen anboten und erklärten, daß derselbe Maßregeln getroffen, um die Montenegriner zu verhindern, an dem Aufstande Theil zu nehmen. FML. von Wagner gab diesen Abgesandten zur Antwort, daß die kaiserliche Regierung gegenüber den Widerspenstigen keine weitere Nachsicht üben könne und die Achtung vor dem Gesetze mit der energischsten Anwendung der Gewalt herstellen werde.

So erzählt wörtlich der officielle Bericht in der „Wiener Abendpost". Daß die Vermittlung des Fürsten von Montenegro nicht angenommen wurde, finden wir aus den weiterhin entwickelten Gründen sehr erklärlich; wie aber der Bescheid in Betreff der „energischsten Anwendung der Gewalt" damit zusammenpaßt, daß FML. Wagner noch in dem gleichen Momente wegen eines Ausgleichs mit den Insurgenten verhandelte — was ebenfalls der officielle Bericht constatirt —, das ist uns bis heute noch nicht klar geworden und dürfte auf die Insurgenten, denen jene Antwort gewiß auch sofort bekannt geworden, ben, wie wir glauben, ungerechtfertigten Eindruck gemacht haben, als ob der kaiserliche Gouverneur mit ihnen ein falsches Spiel hätte treiben wollen.

Man hat bem Fürsten von Montenegro vielfach vorgeworfen, er habe bei dem ganzen dalmatinischen Aufstande eine höchst zweifelhafte Rolle übernommen und wir müssen gestehen, daß wir diesen Vorwurf ganz gerechtfertigt, jene Rolle aber nach den im vorigen Kapitel gegebnen Erörterungen durchaus erklärlich finden. Wäre ihm die Gelegenheit günstig gewesen, so würde er gewiß mit beiden Händen zugegriffen haben, um bei diesem Aufstande Cattaro für sich zu gewinnen. Auf ben Moment, in welchem er bies einmal thun kann, wird er fortbauernd mit Sehnsucht warten und seine Kriegsrüstungen können schließlich in erster Linie eigentlich stets nur diesen Zweck haben.

Bei dieser Gelegenheit können wir nicht umhin, einige Bemerkungen über die montenegrinischen Rüstungen im Allgemeinen zu sagen. Dieselben sind, wie soeben erwähnt, wesentlich gegen österreichisches Gebiet gerichtet und doch sind sie fast ausschließlich mit Hülfe Oesterreichs, d. h. der österreichischen Industrie, gemacht worden seit langer Zeit.

Montenegro bezieht schon Jahre lang beinahe seinen ganzen Schießbedarf aus Oesterreich und die österreichische Regierung hätte doch, wenn von Seiten Montenegro's außergewöhnlich große Quantitäten Munition in Triest bestellt werden, guten Grund, die Vorgänge in den schwarzen Bergen scharf zu überwachen. Nun ist es Thatsache, daß in den Monaten August und September 1869 von Triest aus nach Cettinje, der Hauptstadt Montenegro's, via Cattaro viel Pulver und Blei spedirt wurde; ja noch selbst in den ersten Octobertagen, als die Boccha bereits in voller Gährung war, dauerten diese Transporte fort. Am 4. October verließ das Schiff „Rosario", Kapitain Francesco Taconi, den Hafen von Triest, befrachtet mit 220 Zentner Pulver und 750 Zentner Blei, mit der Bestimmung, diese Ladung einem Agenten des Fürsten von Montenegro in der Bucht von Castelnuovo auszufolgen. Das Gouvernement in Triest, von dem Abgange dieses Schiffes verständigt, setzte davon den Gouverneur von Dalmatien in Kenntniß, und der Letztere ließ auf die „Rosario" sofort fahnden. Castelnuovo, bei welchem Orte Kapitain Taconi, dessen Schiff in der That durch den Kriegsdampfer „Möwe" gestellt wurde, am 11. October landen sollte, befand sich zu der gleichen Zeit schon in vollem Aufruhr und es lag daher nahe, anzunehmen, daß die ganze Ladung eigentlich für die Insurgenten bestimmt sei. Die diplomatischen Agenten des Fürsten in Triest und Cattaro gaben sich natürlich alle Mühe, unter den weitgehendsten Versicherungen der Loyalität und Anhänglichkeit ihres Herrn zu Oesterreich die Aufhebung der Beschlagnahme des Schiffes zu erwirken, sie wurden indessen, wohl ebenso natürlich, freundlich aber entschieden mit ihren Bitten zurückgewiesen und es blieb bei der einmal verfügten Beschlagnahme.

Doch nicht allein die Munition, auch seine Waffen bezieht Montenegro aus Oesterreich. So hat der Waffenfabrikant Thomas Sederl in Ottakring bei Wien vor einigen Jahren 5000 Stück gute Gewehre (Vorderlader) dem Fürsten geliefert. Im Sommer 1869 wurden dazu von Wien 3 Millionen Stück Zündhütchen nach Montenegro expedirt. Ferner sind bereits vor längerer Zeit durch den montenegrinischen Kriegsminister 2500 Stück Hinterlader bei dem Wiener Waffenschmidt Krnka bestellt und in den letzten Monaten vor dem Aufstande zur Lieferung gelangt.

Das sind Thatsachen, die keines Commentars bedürfen, die aber andrerseits die Loyalität und Neutralität des Fürsten von Montenegro in höchst bedenklichem Licht erscheinen lassen mußten. Uebrigens ist der Einfluß des Letzteren auf seine „Unterthanen" keineswegs so groß, daß er dieselben jemals hätte hindern können, zu den aufständischen Bocchesen über die Gränze zu ziehen. Zwischen diesen und den Montenegrinern besteht nämlich ein eigenthümliches Verhältniß, sie rauben sich zwar gelegentlich gegenseitig aus, aber sie helfen sich auch gegenseitig. Bei dem letzten Aufstand der Montenegriner gegen die Türken kamen ihnen nicht weniger als 3000 dalmatinische Bauern allein aus dem Bezirke Grahova wohlbewaffnet zu Hülfe und daß diese Freundschaft bei einem Bocchesen-Aufstande erwiedert werden würde, konnte man um so eher annehmen, als die Söhne der schwarzen

Berge trotz ihrer geringen Bildung doch politisch klar genug sind, um die Gewinnung Cattaro's für Montenegro als eine nationale Frage zu betrachten, und da ferner in der letztgenannten Hafenstadt selbst eine sogenannte nationale Partei von Montenegrinern besteht, welche gewiß der Erhebung nicht mit in den Schooß gelegten Händen zugesehen hat. Außerdem ist die Betheiligung der Montenegriner am Kampfe in mehr als einem Falle constatirt- und ebenso ist es zweifellos, daß sie die über die Gränze ihnen zugeführten Weiber, Kinder, Heerden u. s. f. bereitwilligst aufgenommen haben. Gleich ihnen haben aber außerdem die Herzegowiner den Insurgenten Vorschub aller Art geleistet, was seine Erklärung einfach in den Zuständen findet, welche bei den unter türkischer Herrschaft stehenden Südslaven allgemein sind. Alle diese Völker warten nur auf den Moment, einmal gemeinschaftlich losbrechen zu können, und wenn es bei ihren Nachbarn brennt, dann sind sie selbst sehr rasch Feuer und Flamme.

Was nun aber die Vermittlung des Fürsten von Montenegro anbetrifft, so hätte diese seitens der österreichischen Regierung doch nicht acceptirt werden können, wenn auch seine Neutralität über jeden Zweifel erhaben gewesen wäre. Sobald die Regierung nämlich die Intervention eines fremden Kabinets in Anspruch genommen hätte, um sich mit den Insurgenten auszugleichen, so hätte sie dadurch die Letzteren indirekt als eine kriegführende Macht anerkannt und es ist kaum anders denkbar, als daß dann die gesammte europäische Diplomatie einige Worte mitzusprechen verlangt hätte. Es liegt eine solche Annahme schon aus dem Grunde nahe, weil der Fürst von Montenegro immer noch in einem Abhängigkeitsverhältniß zur Pforte steht, wonach ihm das Recht selbstständiger diplomatischer Aktion möglicherweise streitig gemacht werden kann. Eine solche Verwicklung wünschte aber vielleicht der Fürst gerade; er konnte dabei unter allen Umständen nichts verlieren, sondern nur gewinnen, letzteres wenn auch nicht materiell, so doch jedenfalls moralisch. Die Weigerung, seine Vermittlung anzunehmen, hat übrigens in der Geschichte Oesterreichs ein noch ganz nahe liegendes Beispiel. Als nämlich 1849 Radetzky Venedig belagerte boten Napoleon und Lord Palmerston ihre Vermittlung zu Gunsten der Venezianer an und Fürst Schwarzenberg wies dieselbe zurück.

Die Zeit der Verhandlungen bis zum 14., welche, wie wir oben dargestellt haben, von der Regierung zu Kriegsvorbereitungen verwandt wurden, ließen die Insurgenten übrigens auch nicht ungenützt vorübergehen; sie verwandten dieselbe vielmehr, ihre militärische Organisation zu verbessern und ihre inzwischen durch fortwährende Zuzüge bedeutend angewachsenen Mannschaften zweckmäßig zu dislociren. FML. Wagner berichtete daher unter dem 14. telegraphisch nach Wien von dem Umherziehen zahlreicher Aufständischer mit trikoloren Fahnen im Gebirge zwischen Castelnuovo und Dragali und von der Ansammlung und Auflösung verschiedener Banden.

Die nächsten Tage vergingen nun in solcher Ruhe, wie sie unter derartigen Umständen möglich ist. Man beobachtete sich gegenseitig ohne bemerkenswerthe Feindseligkeiten. Das einzige Ereigniß von einiger Bedeutung war die Besetzung Risano's durch sechs Kompagnien kaiserlicher Truppen. Bei diesem Vorfall zeigte sich übrigens die Wachsamkeit der Insurgenten, die sich durch Feuersignale und Schüsse davon benachrichtigten.

So kam der 19. October heran, auf welchen Tag FML. von Wagner den Beginn einer größeren Unternehmung festgesetzt hatte. Dieselbe wurde auch in der That ausgeführt, lief jedoch so unglücklich ab, daß sie dem ganzen Feldzuge eine von gewiß nur Wenigen erwartete Wendung gab und somit für die Geschichte dieses Krieges eine Wichtigkeit gewann, welche uns veranlassen muß, sie mit ihren direkten Folgen in einem besondren Kapitel zu besprechen.

Viertes Kapitel.

Vom 18. bis Ende October. — Fort Dragali und die Expeditionen dahin. — Fort Stagnevic. — Die Operationen zum Schutze von Bubua, La Trinità und Gorasba. — FML. Wagner Diktator. —

Die genaue Darstellung der folgenden Kriegsereignisse erfordert die Erwähnung vieler unbedeutender Ortschaften und einzelner Terrainverhältnisse, deren eingehende Beschreibung einen weit über den Rahmen der vorliegenden Arbeit hinausgehenden Raum verlangen würde, weswegen wir hier von derselben in der gleichzeitigen Voraussetzung einer speciellen Kenntniß der Karte Süddalmatiens seitens des Lesers absehen.

In der Mitte des Monats October hatte die Hauptmacht der Aufständischen zwischen Castelnuovo und Risano Aufstellung genommen. Die Entfernung zwischen diesen beiden Orten beträgt in der Luftlinie etwa fünf Meilen. Längs der Küste führt an den steilen Abhängen des Gebirges eine sehr schlechte Straße von einem Orte zum andern; landeinwärts gibt es keine Straßen, kaum Pfade. Die zahlreichen Berggipfel sind kahl, in den Thälern gibt es keine Wasserläufe oder doch so wenige, daß jede operirende Armee hier mit Wassermangel zu kämpfen haben muß, wenn nicht etwa Regenwetter eintritt. Ist dies Letztere aber der Fall, dann wird das Terrain überhaupt kaum passirbar, dann zeigt sich auch sofort, daß die gewöhnliche Fußbekleidung der Soldaten für die Anforderungen, welche man hier an eine solche stellen muß, gänzlich ungenügend ist. Während der Bocchese seinen Fuß in Schaaffell einnäht und damit sicher die Höhen überschreitet, verliert der Soldat in wenigen Stunden seine Lederstiefel. Was das zu bedeuten hat, kann man erst vollkommen überblicken, wenn man weiß, daß der Regen gewöhnlich mit dem furchtbaren, Alles erstarrenden Nordwinde, der „Bora", gemeinschaftlich auftritt und so also Nässe und Kälte auf den an das Klima nicht gewöhnten Menschen in demselben Augenblicke einwirken.

Der eben erwähnte Landstrich ist mit Einschluß der sich daran schließenden Gegend bis Cattaro hin entschieden der wildeste Theil Dalmatiens und er war zugleich der eigentliche Schauplatz des Aufstandes. In der Mitte desselben liegt der Distrikt Risano, an dessen nördlicher Spitze sich das Fort Dragali befindet. Vom Golf von Risano, d. h. zugleich von letzterem Orte selbst, kann man nach Dragali auf zwei Wegen gelangen. Der Eine, der bessere, aber längere wird gewöhnlich von den Truppen benutzt und führt mit einem Bogen nordwestlich durch die Krivosie, wo der Oberlieutenant Rinek fiel, während der andre nähere Weg Lebenice und den 4000 Fuß hohen Berg Veli-Vrh überschreitet. Das am Nordrande der jenseits dieses Berges sich ausdehnenden Ebene gelegene Fort besteht aus einem gemauerten vierseitigen Gebäude, welches zur Vertheidigung drei Etagen enthält, von denen die oberste für Geschütze eingerichtet ist. Es wird ferner umschlossen von einer crenelirten Mauer, die durch Coffres ihre Seiten bestreicht. Innerhalb der Mauer, also gewissermaßen im Hofraum des Forts, befinden sich noch zwei Magazine; außen ist die Mauer von einem schmalen Graben umgeben, über den man mit einer Zugbrücke gelangt. Vor dem Graben, in das Vorterrain abfallend, ist ein Erdwall aufgeschüttet, der indessen nur wenn er pallisabirt ist, als ein Annäherungshinderniß von Bedeutung zu betrachten ist. Die Pallisabirung hatte jedoch zur Zeit des Aufstandes nicht stattgefunden.

Als die Insurrektion ihren Anfang nahm, bestand die Besatzung des Forts Dragali aus einer halben Kompagnie (32 Mann) des Regiments No. 44 unter dem Kommando des Lieutenants Slavik. Vom 5. October an war die Verbindung des Forts mit Risano gänzlich verhindert, es fehlte in demselben ferner an Proviant und da die Aufständischen äußerst wachsam waren, so durfte die schwache Besatzung es nicht wagen, über den Schußbereich ihrer Geschütze hinaus zu gehen und sie konnte also ihre Bedürfnisse nur durch Requisitionen auf diesem kleinen Terrain decken. Unter solchen Umständen mußte jedermann einsehen, daß das Fort ohne Hülfe von außen bald gefallen wäre und es lag daher für den Militär-Kommanbanten von vorn herein die ernste Aufgabe vor, der Mannschaft in Dragali Hülfe zu senden.

Der Versuch, das Fort durch den Lieutenant Rinek verstärken zu lassen, war, wie wir gesehen haben, durchaus mißglückt. Seitdem aber waren bis zum 18. October die Verhältnisse wesentlich andre geworden. Es mußte jetzt nicht allein mehr daran liegen, Dragali zu verproviantiren und die Besatzung abzulösen, sondern es war auch von besonderer Wichtigkeit, den Weg dahin von Insurgenten wo möglich so zu säubern, daß die fortdauernde Verbindung derselben in den rechts und links gelegenen Bezirken dadurch eine Unterbrechung erfahren hätte. Selbstredend gehörte hierzu eine größere Truppen=Masse und ernste Vorbereitungen.

Nachdem FML. von Wagner die erforderlichen Anordnungen getroffen, erließ er am 17. October die nöthigen Befehle, wonach alle disponiblen Truppen am 19. unter Generalmajor Dormus gegen Dragali vorrücken sollten. Ein entsprechender Corpsbefehl, worin der Zweck der Unternehmung ausgesprochen war, wurde auch später den Soldaten unmittelbar vor ihrem Abmarsche verlesen. Die Disposition für die Vorrückung war folgende:

Die in den Orten Drazinert und Drahovac, südöstlich von Risano am Eingange des Golfs von Cattaro stationirten Truppen: Regiment Erzherzog Ernst, 1 Compagnie vom 27. Jägerbataillon und 2 Geschütze, sollten sich nördlich von den genannten beiden Orten vereinigen, dann westlich an Ubalac vorüber durch das Gebirge auf Ledenice marschiren und von hier aus gegen Dragali vorrücken. An der Spitze dieser Colonne stand Oberst Fischer vom 48. Regiment und bildete dieselbe der weiteren Disposition nach den rechten Flügel des Ganzen.

Gleichzeitig war bestimmt, daß die Haupt=Colonne, bestehend aus den Regimentern Erzherzog Albrecht (No. 44), und Franz Carl (No. 52), 1 Jäger= und 1 Genie=Compagnie, 10 Geschützen, darunter von schwerem Caliber, von Risano ausgehend, in nordwestlicher Richtung über Knezlac und Napoda auf Cerkvice vorrücken und die hierstehende Hauptmasse der Insurgenten in der Front angreifen sollten. Damit aber die Letzteren von den weiter westlich auf=

gestellten Insurgenten keinen Zuzug erhielten, war befohlen, daß bei Morini im Golf von Risano durch ein halbes Jägerbataillon, verstärkt durch Matrosen und Gendarmen mit zwei Geschützen, zu gleicher Zeit eine Demonstration ausgeführt werden sollte, zu deren Leiter der Major Toms bestimmt. Die ganze Sache mußte indessen unterbleiben, da die betreffenden Mannschaften der stürmisch bewegten hochrollenden See wegen nicht ausgeschifft werden konnten.

Nachdem diese Anordnungen getroffen waren, telegraphirte FML. Wagner noch am 18. nach Wien, daß der folgende Tag zu einer größeren Unternehmung bestimmt sei.

„Die erste Vorrückung begann" — so schreibt der Geniechef von Dalmatien, Oberst Schröder — „am 19. October und da wir Geschütze hatten, die Insurgenten aber nicht, so säuberte unsre vortreffliche Artillerie mit Leichtigkeit die Höhen ober Risano von den wenigen Aufständischen, welche zu sehen waren, und Generalmajor Dormus besetzte die wichtige Position bei Greben, ohne daß so zu sagen, ein Schuß auf uns gefallen war."

Die Höhen von Knezlac waren also eigentlich ohne Schwierigkeiten erreicht und Generalmajor Dormus ließ die Truppen nunmehr bei Greben ein Bivouac beziehen, um am folgenden Tage den Marsch fortzusetzen. Bis hierher hatte auch der FML. von Wagner die Expedition begleitet, derselbe befand sich jedoch in einem äußerst leidenden Zustande und kehrte deswegen noch gegen Abend auf den Kriegsdampfer „Lucia" zurück, der im Golf von Risano vor Anker lag. Derselbe enthielt sich seiner Krankheit wegen auch der ferneren Theilnahme an dem Zuge, gestattete jedoch, daß der Oberstlieutenant Hiltl des Generalstabes, der Rittmeister Thömmel der Militärkanzlei des Kaisers und der oben bereits genannte Genie-Chef Oberst Schröder sich den Truppen anschlossen, welche vor diesen Herren natürlich jetzt einen Vorsprung hatten, da die Letzteren mit dem FML. Wagner wieder bis Risano zurückgegangen waren.

Am 20. October sollte also der Marsch von den Höhen bei Knezlac bis Dragali fortgesetzt werden. Aber während bisher Alles gut gegangen war, erhob sich in der Nacht zum folgenden Tage eine furchtbare Bora und der Regen floß in Strömen vom Himmel herab.

Die ganze Expedition gewann dadurch sofort ein höchst mißliches Aussehen. Als am Morgen wirklich aufgebrochen wurde, heulte der Sturm unausgesetzt, der Regen fiel immer dichter und die Wege waren jetzt so schlecht geworden, daß sich Mannschaften und Thiere nur mühsam auf den Beinen erhalten konnten. Natürlich war an ein schnelles Fortkommen unter diesen Umständen nicht zu denken und besonders mußte ein Theil der Lastthiere, der den Proviant trug, weit zurückbleiben.

Oberst Schröder erzählt nun: „Wir holten die Truppen ungefähr eine Stunde vorwärts von Knezlac ein und marschirten mit ihnen, — unbelästigt vom Feinde, selbst in dem später so oft genannten, berüchtigten Defilé von Napoba — bis in die Nähe des befestigten Wachhauses von Cerkvice, wo wir vorausrückten, um den Corporal Orban und seine Mannschaft, die dasselbe besetzt gehalten, zu beglückwünschen. Als die Brigade nachgerückt war und rastete, begab sich zuerst Rittmeister Thömmel, dann ich, zuletzt Oberstlieutenant Hiltl wieder zu ihr. Das Erste, was ich dort vernahm, war, daß der für Dragali bestimmte Proviant an die Truppe vertheilt, und diese, nach dessen Aufzehrung, wegen zu großer Erschöpfung wieder nach Risano zurückmarschiren würde. Diese Nachricht schien mir unglaublich. Allerdings war das Regiment Albrecht durch mehrtägigen Vorpostendienst in Risano schon stark hergenommen worden; allerdings hatte die ganze Brigade die Nacht vom 19. auf den 20. auf der Höhe von Greben in dem ungünstigsten aller Lagerplätze (während das Dorf Knezlac fast vor der Front lag) bei strömendem Regen und eisigem Winde zugebracht, so daß beinahe gar kein Wachfeuer brannte und das Abkochen am nächsten Morgen nur sehr unvollkommen bewirkt werden konnte; allerdings wurde dann auf der immer bergan ziehenden Straße sehr schnell marschirt, so daß ich die Bitte mehrerer Hauptleute um ein langsameres Marschtempo an der Tête zur Sprache brachte; aber ich konnte an die so große Erschöpfung der Truppe nicht glauben, da ich nur sehr wenige Schwache gesehen und auf meine an die Truppe wiederholt gestellte Fragen immer ganz befriedigende Antworten erhalten hatte."

Daß GM. Dormus den Befehl zur Umkehr auf halbem Wege gab, war entschieden ein so großer militärischer Fehler, wie ein solcher nur vorkommen konnte. Alle Folgen, welche derselbe haben mußte, wurden ihm übrigens in demselben Momente, als er den Beschluß dazu gefaßt hatte, durch den Oberst Schröder vorgestellt; er blieb aber nichts desto weniger bei seiner Absicht, begnügte sich damit, das Wachhaus Cerkvice proviantirt und verstärkt zu haben und kehrte dann um.

Es erscheint dies um so auffallender, als der schlimmste Theil des Marsches bereits überstanden war, da der Weg von Cerkvice bis Dragali fast ununterbrochen bergab führt und es sich gezeigt hatte, daß über die Kräfte der Insurgenten entschieden übertriebene Berichte verbreitet waren, denn wenn dieselben wirklich so stark gewesen, wie man gesagt hatte, so hätten sie schwerlich den Marsch bis Cerkvice so unbehelligt vor sich gehen lassen, wie dies der Oberst Schröder besonders hervorhebt. Der Letztere spricht übrigens in seiner in der „Militär-Zeitung" veröffentlichten Abhandlung über diese verunglückte Expedition die Meinung aus: Die Insurgenten seien noch am 20. schwach und entmuthigt gewesen und erst der Rückzug der kaiserlichen Truppen habe sie ermuthigt und gekräftigt. Für die Behauptung erzählt derselbe seine eignen Erlebnisse auf dem Rückmarsche, die wir hier als zu speciell nicht wiedergeben können, die jedoch allerdings sehr für die Richtigkeit der obigen Ansicht sprechen.

Auch wir meinen, GM. Dormus hätte unter allen Umständen den Versuch, Dragali zu erreichen, machen müssen, selbst wenn seine Mannschaften wirklich im höchsten Grade angegriffen waren. Er mußte sich vergegenwärtigen, daß von dem Erfolge seiner Unternehmung die ganze Gestaltung des Feldzuges abhängig war und bei einer solchen Sachlage durfte er seine Leute nicht schonen wollen, sondern mußte mit denselben vorwärts gehen, selbst wenn er den Untergang der Hälfte von ihnen vor Augen gesehen hätte. Uebrigens lag die Sache ja nicht so schlimm, im Gegentheil war das Gefährlichste bereits überstanden. In der Hochebene von Dragali liegen eine größere Anzahl verhältnißmäßig reicher Ortschaften; dort hätten die Truppen die Mittel zu ihrer Verproviantirung ohne allzu viele

Mühe gefunden und der Aufstand wäre in diesem Theile des Landes
als unterdrückt zu betrachten gewesen, wenn der General seine Leute auf
dem ganzen Plateau in richtiger Weise dislozirt haben würde. Statt
diesen Erfolg mit allen Kräften anzustreben, kehrte er lieber um,
indem er die Arbeit einer späteren Zeit überließ. Zu seiner Entschuldigung — wenn eine solche überhaupt möglich ist — mag hier
noch angeführt sein, daß er in Cerkvice erfuhr, Dragali sei bis Ende
October mit Proviant versehen, da der Besatzung eine selbstständige
Verproviantirung möglich geworden.

Oberst Schröder ließ noch, als seine Vorstellungen, deren wir
schon Erwähnung gethan, fruchtlos geblieben, die Genie-Compagnie
antreten und stellte derselben die Sachlage vor, indem er zugleich die
Frage an sie richtete, ob sie im Stande sei, weiter vorzurücken. Offiziere wie Mannschaften erklärten sich als marschfähig, obgleich ihr
Oberst sie besonders auch darauf aufmerksam gemacht hatte, ihre
Kräfte nicht zu überschätzen. Nun erbat sich der Letztere die Erlaubniß, mit dieser Compagnie allein bis Dragali vorgehen zu dürfen.
GM. Dormus verweigerte dieselbe jedoch, weil sie eine Zurücksetzung
für seine andern Truppen wäre. Darauf beschloß Schröder, das
Unternehmen ganz allein auszuführen und er that dies in Begleitung
eines Gendarmen und eines Risanoter Pferdeführers. Dabei stieß
er auf Insurgenten, denen er jedoch durch sein ruhiges und besonnenes
Betragen so imponirte, daß sie ihn unbehelligt seines Weges reiten
ließen, sich selbst sogar zurückzogen. Später holte der Oberst die
Brigade Dormus nicht weit von Cerkvice bei Urinia ein und während
er mit ihr marschirte, wurde dieselbe im Defilée von Napoda ange-
schossen, was große Störung sowie längeren Aufenthalt verursachte.
Indessen erreichte das ganze Corps Risano ohne besondere Verluste wieder.

Inzwischen war der rechte Flügel unter Oberst Fischer am
19. das Gebirge hinaufgestiegen und hatte am 20. den Marsch auf
Lebenice unter außerordentlichen Schwierigkeiten fortgesetzt. Statt
am 20. in der Ebene von Dragali einzutreffen, langte dies Corps,
welches übrigens den weiteren und schwierigeren Weg hatte, erst am
Abende dieses Tages in Lebenice an. Es hatte also mehr Zeit für

den Marsch gebraucht, als die Disposition vorgesehen hatte, die ganze Unternehmung auf Dragali war mithin schon durch diesen Umstand anders gestaltet worden, als beabsichtigt gewesen. Oberst Fischer erfuhr nun in Lebenice, daß die Hauptcolonne die rückgängige Bewegung angetreten habe, was ihn natürlich bestimmte, ein Gleiches zu thun.

Die Unternehmung war also vollkommen mißglückt und es fragt sich nun, wer die Verantwortung dafür eigentlich zu tragen hat. Unserer Meinung nach trifft dieselbe den FML. von Wagner insofern, als in der Disposition nicht genügend auf die Schwierigkeiten Rücksicht genommen worden, welche die Witterung bieten konnte und als ganz besonders in Anbetracht der Letzteren die für die Colonne Fischer bestimmte Marschzeit ungenügend war. Weiter aber ist GM. Dormus für den von ihm angeordneten Rückzug verantwortlich und er ist in Folge dessen auch in eine Untersuchung verwickelt worden, welche in diesem Augenblicke noch nicht beendet ist. Bei dem tiefen Geheimniß, welches über dieselbe bewahrt wird, können wir darüber nur mittheilen, daß in Risano deswegen eine ganze Reihe protokollarischer Vernehmungen, unter Anderen des Gendarmen und des Pferdeführers, welche den Oberst Schröder auf seinem Ritte begleitet hatten, stattgefunden haben und daß gegen den Letzteren ebenfalls eine Untersuchung wegen seiner Darstellung der Vorgänge in der „Militär-Zeitung" im Zuge ist.

Bemerkenswerth ist übrigens, daß FML. Wagner die ganze Verantwortung für die Affaire — nach den officiellen Telegrammen zu urtheilen — auf sich nehmen und den GM. Dormus also decken wollte, indem er dessen Handlungsweise rechtfertigte. FML. Wagner telegraphirte nämlich noch am 30. amtlich nach Wien:

„Die ganze Nacht hindurch einem furchtbaren Sturm und Regenguß in einem holzlosen felsigen Lager ausgesetzt, war die Truppe so erschöpft, daß sie nur bis zum Wachthaus Cerkvice vorrücken konnte und bei dem fortbauernden Unwetter außer Lage, mögliches Gefecht anzunehmen, hierher zurückkehren mußte, um sich zu erholen. Regiment Ernst ist in Lebenice eingetroffen, Insurgenten zerstreuten sich widerstandslos. Leider wurden drei Mann, welche unbemerkt zurückblieben, von den Aufständischen massakrirt."

Am 21. meldete dann FML. Wagner dem Ministerium ebenfalls aus Risano: „Unwetter dauert mit vermehrter Heftigkeit fort. Komme soeben von Ledenice, fand Truppen sehr erschöpft. Regelmäßiger Nachschub und weiteres Vorgehen jetzt unmöglich. Ermächtigte Oberst Fischer mit seiner Colonne nach Risano zu marschiren; selbe bestand gestern Abends ein Gefecht mit Insurgenten, welche mit vielem Verlust zurückgewiesen wurden, unsrerseits zwei leicht Verwundete. Truppen leiden sehr."

Dieses zweite Telegramm ist in sofern besonders wichtig, als es von einem für die Truppen günstigen Gefecht spricht, welches jedenfalls trotz der ausgestandenen Strapatzen ermuthigend wirken mußte. Wenn FML. Wagner dessen ungeachtet den Rückzug der Kolonne Fischer persönlich anordnete, so geschah dies wohl hauptsächlich nur, weil die Hauptcolonne bereits wieder in Risano eingetroffen war und Fischer allein nicht genügend zur Durchführung des ganzen Unternehmens erscheinen konnte. Für die kaiserlichen Truppen aber war der Rückzug überhaupt ein schwerer moralischer Schlag, es traf ein, was vorauszusehen gewesen war, die Insurrektion wuchs. Alle Berichte, die aus der nächsten Zeit vom Kriegsschauplatze eintrafen, sprachen über die rasche Ausdehnung des Aufstandes, über die massenhaften Zuzüge, welche die Insurgenten erhielten. Mehr noch, als diese Berichte, sprachen indessen die Ereignisse der folgenden Tage.

Schon am 21. gingen die Insurgenten aus der Defensive zur Offensive über. Es geschah dies in der Zuppa.

In der Nacht vom 21. zum 22. sollte das nahe der montenegrinischen Gränze gelegene Fort Stagnevic verproviantirt werden, wobei auch Panduren thätig waren. Sei es nun, daß diese sich mit den Insurgenten im Einverständnisse befanden oder daß der Kommandant des Werkes zu wenig Achtsamkeit besaß, — genug, es benutzten Aufständische die Gelegenheit zum Angriffe; sie drängten sich ein und zwangen die Besatzung, sich in das Innere des Gebäudes zurückzuziehen, wo nun von Stockwerk zu Stockwerk fortschreitend der

Kampf geführt wurde, bis die Insurgenten von einem das Fort beherrschenden Felshange mit Steinwürfen und Gewehrschüssen die Truppen, deren Führer bereits gefallen war, zwangen, sich zu ergeben. Es zeigte sich bei dieser Gelegenheit, daß die Bocchesen keineswegs unter allen Umständen die soviel besprochene unmenschliche Grausamkeit besitzen, indem sie die in Fort Stagnevic gemachten Gefangenen, 40 an der Zahl, unter der Bedingung, sich nach Bubua zu begeben, in Freiheit setzten.

Schon am folgenden Tage zeigten sich größere Insurgentenschaaren vor dem an der Küste gelegenen Bubua, während gleichzeitig die Außenwerke von Cattaro das Blockhaus la Trinità und Fort Gorasda angegriffen wurden. Diese Unternehmungen waren für die Truppen sehr gefährlich, denn die bedrohten Punkte hatten nur äußerst geringe Besatzungen, dagegen aber war es möglich, ihnen von Cattaro aus sehr schnelle Hülfe zu senden und man muß dem FML. Wagner die Gerechtigkeit widerfahren lassen, daß er dies mit Umsicht that. Auf die telegraphische Mittheilung aus Bubua ließ er sofort, noch am 22. October, das 27. Jägerbataillon mit dem Kriegsdampfer „Hofer" dahin abgehen und sandte außerdem Geschütze und Munition, welche letzteren mittelst eines Flaschenzuges von der Seeseite her über die Stadtmauer hinweg in Bubua eingebracht werden mußten, da die Landseite vollständig von den Insurgenten eingeschlossen war und der Ausgang dorthin hatte verbarrikabirt werden müssen. Da die Zahl der außen liegenden Insurgenten 5 bis 600 Mann betrug, die Besatzung trotz der Verstärkung noch nicht die Hälfte und auch Verrath seitens der Einwohner befürchtet werden konnte, so behielt man den Kriegsdampfer zurück, weil man sich allein durch diesen die einzig mögliche Rückzugslinie, den Weg zur See, sichern konnte.

Um die Maßregeln zur Vertheidigung von Bubua hier sofort vollständig zu erwähnen, bemerken wir, daß der mit dem „Hofer" angelangte Kommandant, Major Toms, derselbe, dem die Leitung der unterbliebenen Demonstration bei Morini übertragen gewesen, am folgenden Tage, den 23., das Schiff mit der Bitte um Verstärkung nach Cattaro zurücksandte. Am 24. Nachmittags langte das Kanonenboot

„Streiter" mit der Armirung Cattaro's entnommenen leichten Geschützen, welche sofort auf den Wällen plazirt wurden, in Budua an und eröffnete sodann das Feuer aus seinen schweren Schiffskanonen von der See aus gegen die Aufständischen. Am 25. kehrte auch der „Hofer" zurück und brachte zwei Kompagnien des Infanterie-Regiments Franz Karl, so daß nunmehr eine für die Sicherheit des Platzes genügende Truppenmasse in Budua anwesend war.

FML. Wagner traf außerdem, da jetzt offenbar die größte Gefahr in der Gegend von Cattaro und südlich davon lag, folgende Anordnungen: Von einer weiteren Unternehmung gegen Dragali sollte vorläufig bis zur Ankunft des Regiments Maroicic, welches am 22. in Triest eingeschifft wurde, abgesehen werden; das Regiment Albrecht erhielt die Bestimmung, die nördlich von Risano gelegenen insurgirten Distrikte zu überwachen und Risano selbst zu schützen, während die übrigen hier befindlichen Truppen mittelst Schiff nach Cattaro gesandt wurden, um von dort aus die bedrängten Forts Trinità und Gorasda zu entsetzen.

Trotzdem augenscheinlich die Sachen in diesem Momente ziemlich ungünstig lagen, telegraphirte FML. Wagner am 23., als das Regiment Maroicic bereits auf dem Wege von Triest war, doch an die Regierung in Wien: „Mit vorhandener Macht kann ich jeden Kampf aufnehmen, aber nicht Entwaffnung und Landwehrstellung durchsetzen, bitte also um 8. und 9. Jägerbataillon."

Es geht hieraus hervor, daß der damalige Oberkommandant der weiteren Entwicklung der Verhältnisse eigentlich noch sehr getrosten Muthes entgegen sah und auf eine schleunige Beseitigung der Insurrektion hoffte. Es ist eine solche Selbsttäuschung um so auffallender als Wagner in derselben Depesche fortfährt: „Insurgenten weichen größeren Gefechten aus, umschwärmen auf uns unzugänglichen Felsenkämmen die Kolonnen, fallen über schwächere Abtheilungen her, massakriren Einzelne, wodurch entscheidende Schläge nicht möglich werden. Solch unsichtbarer Feind erschwert die Märsche auf den wenigen, schlechten, schmalen Wegen. Für Schwierigkeiten dieser Gegend kann nur Erfahrung der Maßstab sein."

Daß ein General, der es versteht in solcher Kürze die Schwierigkeiten, die den unter seinem Oberbefehl stehenden Truppen bereitet werden, anzugeben, auch die ihm zu Gebote stehenden Kräfte richtig zu schätzen weiß, sollte man annehmen, aber fragen muß man sich: wie kam FML. Wagner überhaupt darauf, dergleichen nach Wien zu telegraphiren? Die Antwort hierauf ist nicht allzuschwer zu finden. Man hatte im Ministerium von vorn herein dem Aufstande keine große Bedeutung beigemessen und es kamen officielle Berichte der dalmatinischen Behörden, welche diese Meinung entschieden bestärken mußten. Die Folge davon war, daß die Nachrichten von dem fortdauernden Wachsen des Aufstandes und von der verunglückten großen Expedition nach Dragali nicht nur sehr überraschten, sondern auch veranlaßten, daß FML. Wagner in einer Depesche um genügende Aufklärung und um Angabe der Kräfte, deren er zur vollständigen Beseitigung der Bewegung bedürfen würde, angegangen wurde. Die Rückantwort an das Ministerium war das soeben citirte Telegramm, worin FML. Wagner gewissermaßen darauf pochte, daß „nur die Erfahrung den Maßstab für die Schwierigkeiten der insurgirten Gegend bieten könne". Indem er aber so in ziemlich schroffer Weise jeden Vorwurf zurückwies, überschätzte er, wie die Thatsachen später gezeigt haben, doch die ihm damals zu Gebote stehende Truppenmacht. Uebrigens mußten sich die Schwierigkeiten fortdauernd mehren, namentlich auch dadurch, daß der Fürst von Montenegro unter dem Vorgeben, daß diese Maßregel gegen die Insurgenten gerichtet sei, die Fleischausfuhr nach Dalmatien verbot. Auf Seiten der österreichischen Regierung konnte man dieses Verbot indessen nur als eine Repressalie für die im vorigen Kapitel erwähnte Pulver-Beschlagnahme betrachten, da sie allein nur die Truppen traf, welche von nun an in Betreff der Verproviantirung mit Fleisch lediglich auf die Zufuhr von der See angewiesen waren.

Die Verhandlungen zwischen dem FML. Wagner und dem Ministerium hatten jedoch sofort einen erwähnenswerthen Erfolg. Die Regierung gelangte zu der Ueberzeugung, daß die einfache Sistirung aller verfassungsmäßigen Freiheiten, der Ausnahmszustand in Dalmatien nicht mehr genüge, um der Insurrektion Herr zu werden. Der Militär- und Civil-Gouverneur Wagner wurde in Folge dessen in einer unter dem Vorsitze des Kaisers zu Ofen stattgehabten Ministerberathung am 25. October zum Diktator des Kreises Cattaro ernannt. Er hatte mithin innerhalb des aufständischen Gebietes eine Stellung, ähnlich der, welche Haynau als kaiserlicher alter ego in Ungarn eingenommen. Die Verfügung, durch welche diese neue Anordnung bekannt gemacht wurde, lautete:

„Dem jeweiligen Kommandanten der Militär-Streitkräfte im Bezirke Cattaro wird die gesammte vollziehende Gewalt im Bereiche der politischen und polizeilichen Verwaltung zur selbstständigen Ausübung übertragen.

„Demselben sind daher alle Organe der öffentlichen Verwaltung, einschließlich der Gemeinde-Vorstände, untergeordnet; er hat in den genannten Zweigen der Verwaltung die Befugnisse des Landeschefs zu üben und ist ermächtigt, die sonst dem Minister des Innern, dann dem Minister für Landesvertheidigung und öffentliche Sicherheit vorbehaltenen Maßregeln zu treffen.

„Die Verordnung hat mit dem Tage der Kundmachung in Wirksamkeit zu treten. Mit dem Vollzuge derselben ist das Gesammt-Ministerium beauftragt.

Ofen, am 25. October 1869.

Franz Josef m. p.

Taaffe m. p. Plener m. p. Hasner m. p.

Giskra m. p. Herbst m. p. Brestel m. p.

Berger m. p."

Die Kundmachung der Verordnung erfolgte durch die amtliche „Wiener Zeitung" vom 28. October.

Doch wir haben in unserer Darstellung dem Gange der Ereignisse bereits vorgegriffen und müssen deswegen an frühere Punkte wieder anknüpfen. Zunächst theilten wir bereits mit, daß das Regiment Maroicic am 22. per Dampfer von Triest nach Cattaro abgegangen sei. Es geschah dies auffallender Weise nicht mit einem Kriegsschiffe, sondern mit einem Schiffe des österreichischen Lloyd. Gerade damals befanden sich nämlich die zu Truppentransporten

besonders geeigneten Avisodampfer „Taurus", „Lucia" und „Hofer"
bereits im Canal von Cattaro stationirt, der Avisodampfer „Gargagno"
gehörte zu dem Eskadre in der Levante und der Dampfer „Triest"
war zu Triest in Reparatur, so daß die ganze kaiserliche Kriegsmarine
nicht in der Lage war, Truppentransporte zu übernehmen. Die besten
Schiffe befanden sich in der Levante, um den Kaiser auf seiner Reise
von Constantinopel zur Eröffnung des Suezkanals zu begleiten; der
Vizeadmiral Tegetthoff antwortete sogar, als er aufgefordert wurde,
noch ein Kanonenboot in den Canal von Cattaro zur Verstärkung der
dort stationirten Flottenabtheilung zu senden, er habe keins disponibel,
aber nach der Ankunft in Constantinopel könne er vielleicht eine
Disposition treffen, wonach eins der Levante=Schiffe in den Canal
abgehen würde. Oesterreich hatte also eine Kriegsflotte, die jährlich
nicht weniger als circa sieben Millionen Gulden erfordert, aber in
dem Augenblicke als diese Flotte zu Kriegszwecken gebraucht werden
sollte, war sie, mit Ausnahme der wenigen in der Gegend von Cattaro
stationirten Schiffe, nicht disponibel. Derartige Fakta sprechen wohl
so laut, daß sie keiner Bemerkungen bedürfen.

Von entschieden günstigem Erfolge war die am 23. stattgehabte
Vorrückung zum Entsatze von la Trinità und Gorasda begleitet, wozu,
wie wir angeführt haben, zwei Bataillone von Risano nach Cattaro
gesandt waren. Dieselben kamen hier in der That im Momente der
dringendsten Noth an. Am Morgen des 23. hatten die Insurgenten
nämlich die beiden Forts vollständig umzingelt und während sie den
Angriff auf dieselben begannen, schoben sie gleichzeitig eine ihrer
Abtheilungen auf den Monte Vermac, nahe bei Cattaro vor, um so
allmählich fortschreitend die ganze Festung auf der Landseite abzu=
sperren. Während dies geschah, war die Hülfe, bestehend aus einem
Bataillon Franz Carl, einem Bataillon Ernst und einer Gebirgs=
batterie unter Führung des Majors Pittel freilich bereits unterwegs,
aber die in den Forts befindlichen Truppen hatten doch schwere
Stunden durchzuleben, ehe sie der Entsatz erreichte; namentlich war
es für Gorasda eine schwierige Aufgabe, sich zu halten, da die Be=
satzung dieses Punktes nur aus einem Offizier (Oberlieutenant
Blumenthal), 35 Infanteristen vom Regiment Wimpffen (Nr. 22)

und 6 Artilleristen, die Armirung aber nur aus einem bronzenen glatten Sechspfünder, einer siebenpfündigen Haubitze und einem vierpfündigen Hinterlader bestand.

Zwischen ein und zwei Uhr Mittags begannen die Insurgenten zum Sturm gegen Gorasda vorzugehen, aber gerade um dieselbe Zeit traf Major Pittel ein, der auf seinem Marsche der von Cattaro nach Budua führenden Straße gefolgt war, wobei er von den auf dem Monte Vermac stehenden Insurgenten ziemlich lebhaft, jedoch ohne nennenswerthen Schaden und ohne sich dadurch aufhalten zu lassen, beschossen wurde. Als Pittel mit der Tête des Bataillons Franz Carl in der Höhe von Gorasda angekommen war, sandte er eine Compagnie desselben nach la Trinità und führte die drei übrigen gleichzeitig gegen Gorasda, während das nachfolgende Bataillon Ernst jetzt den Monte Vermac angriff. Die Disposition war so getroffen, daß die Insurgenten fast auf allen Punkten in demselben Augenblicke beschäftigt wurden und daß die Gorasda Bedrängenden theilweise umgangen und von Pittel's Gebirgsbatterie in der Flanke gefaßt werden konnten. Dem entsprechend war denn auch der Erfolg, die Insurgenten, obgleich im Allgemeinen nicht schlecht geführt — ihr Anführer hieß Buk Kalugerovic — und obgleich den Truppen an Zahl überlegen, mußten sich bald überall zurückziehen, während die Verluste auf Seiten des Militärs nur gering waren. (Nach der officiellen Angabe 4 Todte und 10 Verwundete.)

Die dringendste Gefahr im Süden Cattaro's war somit abgewandt und FML. von Wagner konnte nunmehr daran denken, eine neue Expedition nach Dragali zu unternehmen. Die Veranlassung hierzu war um so dringender, als sich bei den Besatzungen dieses Forts, wie des befestigten Wachthauses Cerkvice jetzt aller Berechnung nach bald großer Mangel einstellen mußte und außerdem die Insurgenten beide Punkte eng cernirt hatten. Die neue Expedition nach Dragali wurde also auf den 24. festgesetzt.

Die zu dieser Vorrückung bestimmten Truppen bestanden aus drei Bataillonen des Infanterie-Regiments Albrecht (Nr. 44) unter Oberst Graf Vetter, drei Bataillonen des frisch auf dem Kriegsschauplatze eingetroffenen Infanterie-Regiments Maroicic (Nr. 7) unter

Oberst Kaiffel, einem Bataillon Infanterie vom Regiment Ernst (Nr. 48), ferner zwei Raketen- und zwei Gebirgsbatterien des 11. und 12. Festungs-Artillerie-Bataillons, der 12. Genie-Compagnie und drei Zügen der Sanitäts-Compagnie. Dazu kam eine entsprechende Anzahl Tragthiere für den Proviant, um Cerkvice und Dragali bei einer Besatzungsstärke von 15 resp. 60 Mann auf zwei Monate mit Lebensmitteln zu versehen. Das Ganze war unter den Oberbefehl des Obersten Jovanovic vom Brooder 7. Grenz-Regiment gestellt.

Der Marsch sollte am 25. October in aller Frühe beginnen, jedoch nahm die Ein- und Ausbarkirung der Truppen soviel Zeit in Anspruch, daß die Avantgarde sich erst um halb 10 Uhr in Bewegung setzen konnte.

Bei der Eintheilung schied Oberst Jovanovic zunächst die zur Verstärkung von Cerkvice und Dragali bestimmten Mannschaften aus und stellte die dazu gehörigen Proviantvorräthe unter besondre Bedeckungen. Die Vorhut bildeten zwei Bataillone Albrecht, vier Raketengeschütze und die Genie-Kompagnie. Im Hauptkorps folgten ein Bataillon Albrecht, sodann zwei Gebirgsbatterieen, die Sanitätstruppen, dann zwei Bataillone Maroicic, ferner sämmtliche Tragthiere und wieder ein Bataillon Maroicic. In der Nachhut endlich befanden sich ein Bataillon Ernst und zwei Raketengeschütze.

Zur Erleichterung der Truppen wurden die Tornister der Mannschaften und alle Bagage in Risano zurück gelassen. Da die Colonne auf dem schmalen Gebirgswege eine ganz ungewöhnliche Länge erhielt, so gab Jovanovic an alle Kommandanten den Befehl aus, fortdauernd sich durch Seitenpatrouillen decken und das Terrain überall sorgfältig durchsuchen zu lassen. Abweichend von der Expedition des GM. von Dormus blieb diesmal aber die ganze Colonne zusammen und sah man von einem Vorgehen auf Lebenice gänzlich ab.

Unter Sturm und Regen, überhaupt ähnlichem Wetter, wie am 20. geherrscht hatte, langte die Vorhut gegen halb 2 Uhr in Napoda an, wo sie mit Flintenschüssen von den Höhen rechts des Weges empfangen wurde. Graf Vetter, der Führer der Avantgarde, nahm sofort Gefechtsstellung, engagirte sich mit dem Feinde und brachte die

Raketengeschütze in Thätigkeit. Um die Entscheidung rascher herbeizuführen, gab Oberst Jovanovic dem ersten Bataillon Albrecht und einem halben Bataillon Maroicic den Befehl, mit vier Gebirgsgeschützen gegen die feindliche Flanke vorzugehen. Hierbei wurde ein lebhaftes Shrapnelfeuer eröffnet, aber es währte doch etwa drei Viertelstunden ehe die 2 bis 300 Mann starke Insurgenten-Abtheilung sich zurückzog. Nunmehr setzte sich das inzwischen in Marschformation in gedeckter Stellung befindliche Hauptcorps wieder in Bewegung, bald darauf griffen aber die Aufständischen die Nachhut an, was indessen keine Verzögerung des Marsches zur Folge hatte, da dieselbe mit Hülfe von Raketen- und Infanteriefeuer die Angreifer aufzuhalten im Stande war, bis das Gros Cerkvice erreicht und hier in nach allen Seiten gesicherter Stellung ein Bivouak beziehen konnte. Gegen 5 Uhr traf auch die Nachhut immer noch fechtend und von den Insurgenten gefolgt, aber doch mit geringen Verlusten daselbst ein.

Die Nacht verging ruhig. Für den nächsten Tag gab Oberst Jovanovic folgende Disposition aus: ein Bataillon Ernst und ein halbes Bataillon Maroicic sollten mit zwei Raketengeschützen bei Cerkvice als Hauptreserve eine Aufnahmestellung einnehmen; die übrigen Truppen sollten in derselben Marschordnung, wie am 25., durch das lange Defilé zwischen Cerkvice und Han vorgehen. Am Ausgange des Defilé's bei Han sollte sodann das Gros der Brigade Gefechtsstellung nehmen, während das Regiment Albrecht mit zwei Raketengeschützen die Proviantkolonnen von Han nach dem nicht mehr sehr fernen Dragali geleiten, dann sofort mit den entlasteten Saumthieren wieder umkehren und bei Han auf das noch immer in Gefechtsstellung befindliche Gros stoßen sollte. Endlich wurde ein halbes Bataillon Maroicic mit einem Raketengeschütz zur Besetzung der Höhen rechts vom Wege und nordöstlich von Poljana (nahe bei Han) bestimmt, um dort ebenfalls Aufnahmestellungen zur Deckung des Rückzuges zu haben.

Am 26. October begann der weitere Vormarsch um $6^1/_4$ Uhr in der festgesetzten Weise. Bis $1/_2 8$ Uhr blieb die Colonne vom Feinde unbehelligt, dann begann jedoch von den erwähnten Höhen nordöstlich von Poljana ein so heftiges und hartnäckig fortgesetztes Kreuzfeuer, daß die Proviantkolonne erst um 10 Uhr Vormittags mit ihrer Bedeckung in die Ebne von Dragali debouchiren konnte. Die Verstärkung und Verproviantirung des Forts erfolgte um ½1 Uhr unter Leitung des Obersten Vetter. Als derselbe zum Gros der Colonne bei Han zurückkehrte, war inzwischen der Brigadier Jovanovic durch einen Gewehrschuß am linken Fuß so schwer verwundet worden, daß Vetter als der nächstälteste Offizier das Kommando übernehmen mußte.

Es erfolgte sodann fortdauernd fechtend der Rückzug nach Cerkvice, wo eine halbstündige Rast gemacht und um 3 Uhr nach Risano aufgebrochen wurde. Im Defilé von Napoda fanden jetzt ebenso, wie am Tage vorher, Angriffe auf die Colonne statt, machten derselben jedoch keinen wesentlichen Aufenthalt, obgleich sie fast bis an die Mauern Risano's fortgesetzt wurden. An beiden Tagen verloren die Truppen nach der amtlichen Bekanntmachung an Todten 2 Offiziere und 12 Mann, an Verwundeten 3 Offiziere und 36 Mann, an Vermißten 2 Mann.

Die zweite Expedition nach Dragali war hiermit beendet und der Feldzug dadurch zu einem gewissen Abschlusse gelangt. Dabei hatte man auch bittere Erfahrungen gemacht. Die Kleidung und Beschuhung der Soldaten hatte sich in dem gebirgigen Terrain, bei dem anhaltenden Sturm und Regen vollkommen unzulänglich gezeigt; die Anstrengung bei der Expedition war ferner so groß gewesen, daß man den daran betheiligt Gewesenen unbedingt einige Ruhe gönnen mußte, und, was das Schlimmste war, die taktische Ausbildung der Mannschaften hatte sich als ungenügend für diesen Krieg erwiesen. Mochten die Truppen auch in ihren Uebungen auf dem Exerzierplatze noch so vorzüglich gewesen sein, hier in der ihnen neuen Landschaft, unter den sie umgebenden fremdartigen Verhältnissen fühlten sie sich unsicher. Es zeigte sich wiederum, daß bei der Ausbildung der Mannschaften immer noch zu viel Gewicht auf das Einlernen von Formen gegeben worden, welche doch nur für gewisse, in das Schema passende Umstände anwendbar sind, während man vergessen hatte, dem Soldaten dasjenige zu lehren und zu geben, was ihn über die schwierigsten Lagen hinaushelfen kann, nämlich Selbstständigkeit im Handeln.

Betrachtet man aber die Situation, wie sie Ende October in Dalmatien war, so muß man nothgedrungen sagen, daß die Truppen nach fast einmonatlichem Kampfe soviel wie nichts erreicht hatten. Sie behaupteten freilich die größeren Städte und die festen Punkte im Lande und waren durch die letzten glücklichen Operationen auch in den Stand gesetzt, alle, auch die entfernteren wichtigen Plätze, noch einige Zeit ferner zu behaupten, aber die Verbindung dazwischen fehlte ihnen überall, wo dieselbe nicht zur See hergestellt werden konnte. Der Aufstand hatte wesentlich an Umfang und Kraft gewonnen, kein einziger Bezirk war „pacifizirt", keine Landstraße war frei, die Insurgenten schwärmten bis unter die Mauern der Städte und Forts, in denen die moralisch herabgestimmten, körperlich im höchsten Grade ermüdeten Truppen lagen. Es half nichts, daß FML. Wagner das Standrecht nach Kräften anwenden ließ, daß jeder Aufständische, dessen die Truppe lebendig habhaft werden konnten, füselirt oder gar aufgehängt wurde; es half nichts, daß man Repressalien der schlimmsten Art, Plünderung und Einäscherung von ganzen Ortschaften geschehen ließ; es half nichts, daß das Militär, durch seine eigne Lage gereizt, zu Gewaltschritten überging, welche vor der Humanität nie zu rechtfertigen sind: — durch dergleichen schreckt man keine Bevölkerung, bei der die Blutrache üblich ist; die Bocchesen konnte man dadurch nur reizen, ebenfalls die in ihnen schlummernde Wildheit in voller Abscheulichkeit zu zeigen.

So hatte denn die militärische Wirksamkeit des Diktators und Gouverneurs FML. von Wagner bis zu diesem Momente im Grunde genommen keinen Erfolg gehabt und das Ende des Aufstandes war noch gar nicht abzusehen.

Fünftes Kapitel.

Der Monat November. — General-Major Graf Auersperg und seine große
Action: der fünftägige Feldzug.

Dieselben Erwägungen, welche wir am Schlusse des vorigen
Kapitels gegeben haben, mochten in den letzten Tagen des Monats
October auch wohl bei der Regierung eingetreten sein, denn es ver-
lautete damals bereits gerüchtweise, daß es in der Absicht liege, die
Stellung des Oberkommandanten auf dem Kriegsschauplatze von der
des Civil-Gouverneurs zu trennen. Dazu kam noch eine andre höchst
beunruhigende Nachricht, daß sich nämlich in den nördlichen Kreisen
Dalmatiens ebenfalls die Spuren einer tiefgehenden Bewegung
zeigten, und daß namentlich in Zara, dem eigentlichen Sitze des
Gouverneurs, große Unzufriedenheit herrsche. Es konnte hiernach
Niemanden überraschen, wenn täglich die Rede war von Unterhandlungen, welche seitens der Regierung wegen Uebernahme des Ober-
befehls auf dem Kriegsschauplatze mit hervorragenden Generalen, wie
Philippovic, Robich ⁊c., gepflogen sein sollten. All diesen Gerüchten
wurde indessen durch die nachfolgende amtliche Publikation der
„Wiener Abendpost" vom 2. November ein Ende gemacht:

„Die Verhältnisse im Königreiche Dalmatien machen es nothwendig, daß die Leitung der Statthalterei wieder am Sitze
derselben durch den Statthalter erfolge.

„Es wurde demnach vom k. k. Ministerium des Innern im
Einvernehmen mit dem k. k. Reichskriegsminister die Verfügung
getroffen, daß der Statthalter in Dalmatien, FML. Ritter
von Wagner, die Civilgeschäfte in Zara im vollen Umfange
wieder übernehme und das Truppen-Militär-Kommando weiter
führe, hingegen die militärischen Operationen im Bezirke Cattaro
durch einen hierzu mit den Vollmachten der Verordnung vom
25. October 1869 berufenen General geleitet werden.

„Auf Grund Allerhöchster Ermächtigung wurde hiernach der
Brigadier der dritten Truppendivision, General-Major Gott-

frieb Graf Auersperg zum Kommandanten der im Bezirke
Cattaro dislocirten Truppen ernannt und angewiesen, sich sogleich
nach Cattaro zu begeben, um die ihm zugewiesenen Funktionen
zu übernehmen."

General Auersperg erhielt diesen Befehl bereits vor seiner
Veröffentlichung und konnte daher schon am 2. November von Triest
nach Cattaro abgehen.

Inzwischen hatte FML. Wagner, nachdem die Verproviantirung
Dragali's, wie wir im vorigen Kapitel gesehen, unter großen Schwierigkeiten gelungen war, seine Aufmerksamkeit dem südlich von Cattaro
liegenden Theile des aufständischen Gebietes, der „Zuppa", zugewandt;
er mußte sich überzeugt haben, daß von Risano aus in die wüsten
Hochgebirge gegen Dragali und gegen die Gränzen von Montenegro
und der Herzegowina keine Unternehmung von entscheidendem Erfolge
möglich ist, was General Auersperg später auch noch praktisch erfahren
sollte. Deswegen beschloß Wagner seine Operationen in der Zuppa
mit möglichster Energie fortzusetzen. Offenbar beeilte sich dieser
General, die letzten Tage seiner Wirksamkeit durch einen Erfolg zu
krönen, er suchte selbst die schwierigsten Punkte auf und entwickelte
eine Thatkraft, die alles Lobes würdig gewesen wäre, wenn sie nicht
zu Mitteln gegriffen hätte, deren sich der moderne Krieg nie bedienen
sollte. Ganze Ortschaften, z. B. Sisic und Birode, ebenso die Casa
Labanovich 2c., wurden von den Truppen mit Raketen in Brand
geschossen, geplündert u. s. f. Es genügt zur Charakteristik der Kriegs-
führung in der Zuppa dies einfach zu erwähnen, während wir von
einer ausführlichen Darstellung der Einzelkämpfe, welche in den letzten
Tagen des October bis zum 7. November stattfanden, absehen und
uns auf eine kurze Uebersicht über dieselben beschränken, weil sie keine
entscheidende Bedeutung für die Gestaltung des weiteren Krieges
gehabt haben.

Die „Zuppa" ist ein enges Thal, das sich südlich von Cattaro
bis in die Gegend von Budua erstreckt. Die Bewohner desselben,
die sich in vier „Graffschaften", Lazzarovic, Boicovic, Clubanovic und
Toicovic, theilen, sind ganz besonders zu Aufständen geneigt, sie

hatten, wie erwähnt, die Forts la Trinità und Gorazda vergeblich angegriffen und waren, nachdem dies geschehen, auf der Straße gegen Budua zurückgedrängt worden. Zu dieser Zeit hatte nun General Dormus mit dem Infanterie-Regiment Marcicic (Nr. 7) und dem 9. Jäger-Bataillon einen Zug in die Richtung von Traste unternommen, also westlich der von Cattaro nach Budua führenden Straße. Am 1. November besetzte er Ljisevic und Branovic, deren Entfernung von Cattaro nicht viel über anderthalb Meilen selbst mit Berücksichtigung der Krümmungen des Weges beträgt. Von hieraus sollte er nach Poberbje vordringen, das weiter südwärts und wieder der Straße nach Budua näher liegt. Die Entfernung von Branovic bis hier beträgt nur eine Meile. Bedenkt man, daß diese kurzen Strecken zu Tagemärschen wurden, so kann man sich ein annäherndes Bild von den außerordentlichen Schwierigkeiten machen, die sich den Truppen bei ihren Operationen entgegenstellten.

Gleichzeitig ging Oberst Fischer mit einer Colonne bestehend aus mehreren Abtheilungen Erzherzog Ernst-Infanterie (Nr. 48) und dem 8. Jäger-Bataillon über Trinità, östlich von der nach Budua führenden Straße vor und gelangte bis an die Höhe vor Sutvara, welche ebenfalls eine starke Meile von Cattaro entfernt liegt, während die Entfernung von Sutvara (hart an der montenegrinischen Gränze) bis Budua noch etwa zwei Meilen beträgt. Von letzterer Stadt aus operirte ein drittes Corps unter Oberst Schönfeld.

Bei dieser Aufstellung der Truppen mußten die Zuppaner einsehen, daß es Absicht war, sie in die Mitte zu nehmen und so den Aufstand in der Zuppa gewissermaßen zu erdrücken. Wäre dieser Plan nun zur Ausführung gelangt, so lag es auf der Hand, daß die Insurgenten nach ihrer Besiegung nicht sehr glimpflich behandelt worden wären. Um dem zu entgehen, beschlossen sie eine Comödie aufzuführen, die schon einmal, bei dem Entsatze der von den Aufständischen eingeschlossenen Stadt Budua von einzelnen ihrer Abtheilungen angewandt war, nämlich sich scheinbar zu unterwerfen.

Am 1. November erschien bei dem FML. Wagner, der sich damals in Budua befand, eine Deputation von dreißig Zuppanern aus der Grafschaft Lazzarovic, um ihre Unterwerfung anzumelden.

Diese Leute suchten sich als Verführte darzustellen und es gelang ihnen wirklich, den Gouverneur so zu täuschen, daß derselbe sich mit ihnen in Unterhandlungen einließ, ohne jedoch das Vorrücken der Truppen zu inhibiren. Schon am folgenden Tage zeigte sich wirklich, daß das Ganze nur eine Kriegslist gewesen; aus der Unterwerfung, auf deren Kunde man in Wien bereits frohe Hoffnungen gebaut hatte, wurde nichts.

Jetzt betheiligte sich FML. Wagner persönlich an den Truppen-Unternehmungen, wohin er kam, war er siegreich, d. h. die Insurgenten mußten sich vor dem Militär zurückziehen, sie wurden zerstreut und versprengt, um sich gleich darauf hinter dem Rücken der Soldaten wieder zu vereinigen. Freilich gelang es, selbst Fort Stangevic, das die Aufständischen nach der Einnahme besetzt und seiner Geschütze beraubt hatten, wieder zu gewinnen, ebenso wurde die zerstörte Telegraphen-Verbindung zwischen Cattaro und Budua wieder hergestellt, aber als der Gouverneur am 6. November wieder in Budua eintraf, war die ganze Zuppa noch in vollem Aufstande, überall gab es brennende Ortschaften und kämpfende Soldaten und es blieb seinem Nachfolger noch eigentlich geradezu Alles zu thun übrig.

Generalmajor Graf Auersperg langte mit seinem Generalstabe am 7. November in Budua an, er übernahm sofort den Oberbefehl und Wagner schiffte sich noch desselben Tages mit seinem Stabe nach Zara ein, nachdem er einen Befehl an die Truppen erlassen, worin er ihnen zum Abschiede „Humanität" bei den weiteren Operationen empfohlen hatte. Fast gleichzeitig mit diesem Befehl erschien übrigens eine Verordnung des neuen Oberkommandanten, worin das vorsätzliche Niederbrennen von Ortschaften untersagt wurde. Bemerkt muß übrigens werden, daß dieses Verbot seitens der Truppen keineswegs großen Anklang fand, im Gegentheil selbst von den höheren Offizieren als „unzeitige Milde" absprechend kritifirt wurde, bis einige Tage später ein kaiserlicher Erlaß desselben Inhalts bekannt gemacht wurde.

General Auersperg's erste Thätigkeit war, sämmtliche Truppen neu zu dislociren. Obgleich er und sein Generalstab, sowie der Oberst Szimic, der ein Brigade-Kommando erhielt, erst eben auf dem Kriegsschauplatze eingetroffen waren, gelang die Dislokation doch

innerhalb dreier Tage. Nach derselben waren die Truppen folgen-
dermaßen vertheilt: 1 Bataillon des Infanterie-Regiments Nr. 48
und 8. Jäger-Bataillon in Castelnuovo, Infanterie-Regiment Nr. 44
in Risano, 1 Compagnie dieses Regiments in Morinje, 2 Bataillone
des Regiments Nr. 48 in Perasto, 9. Jäger-Bataillon in Dobrota
und S. Matteo; Infanterie-Regiment Nr. 7 in Cattaro und Mula,
Infanterie-Regiment Nr. 52 in Perzagno und Stoliva, Infanterie-
Regiment Nr. 22 in Budua, 27. Jäger-Bataillon in S. Steffano,
Castel Lastua und den Grenzforts. Gleichzeitig erhielt Oberst Schönfeld
den Befehl, mit seiner Brigade (Infanterie-Regiment Nr. 22,
27. Jäger-Bataillon, eine Gebirgs- und eine halbe Raketen-Batterie)
die Operationen im Bezirke von Budua selbstständig fortzusetzen. Die
Brigade Dormus (9. Jäger-Bataillon, Infanterie-Regimenter Nr. 7
und Nr. 52, zwei Gebirgs- und eine halbe Raketen-Batterie) marschirten auf dem Landwege nach Cattaro und führten so die für sie
bestimmte neue Dislokation durch, während die Brigade Szimic
(8. Jäger-Bataillon, Infanterie-Regimenter Nr. 44 und 48, eine
Gebirgs- und anderthalb Raketen-Batterieen) auf dem Seewege von
Budua nach Castelnuovo, Risano und Perasto geführt wurde.

Daß diese Anordnungen den Verhältnissen durchaus entsprachen,
erwiesen die nächsten Erfolge. Die Brigadiers erhielten außerdem
bindende Instruction, die ihnen angegebenen Märsche nicht nur einfach
zurückzulegen, sondern das dabei gewonnene Land durch einzelne zweckmäßig vertheilte Posten und durch Errichtung provisorischer Blockhäuser,
welche mit irgend einem Basispunkte in gesicherter Verbindung stehen
mußten, in Besitz zu halten und gleichzeitig überall mit einflußreichen
Männern, gleichviel welches Standes, zu unterhandeln. Dieser
Befehl wurde in der That ausgeführt, man suchte sich einzelne
Personen günstig zu stimmen und General Auersperg hatte hierbei mit
richtiger Würdigung der Sachlage angeordnet, daß man zu diesem
Zwecke kein Mittel scheuen, auch Geschenke nicht sparen sollte. Seine
hiernach ebensowohl militärischen, wie diplomatischen Schritte wurden,
wie man hervorheben muß, wesentlich durch die Umsicht des Bezirkshauptmannes Ritter von Franz unterstützt, der jetzt einigermaßen gut
machte, was er früher durch seine Schroffheit verdorben, durch welche

er einen großen Theil der Schuld an dem Ausbruche des Aufstandes auf sich geladen hatte.

Auf diese Weise gelang es in der That, die Zuppa zu pazifiziren, ohne noch größere militärische Anstrengungen zu machen. In Folge dessen verlieren die Einzelheiten der Kriegsoperationen in diesem Theile des insurgirten Gebietes fast vollständig an Interesse für eine Darstellung des ganzen Aufstandes und wir können dieselben daher hier übergehen, indem wir bemerken, daß die Zuppa um die Mitte November bereits fast ganz beruhigt war. Es hatte sich hier gezeigt, daß die Gewalt allein, die FML. von Wagner hatte anwenden wollen, nicht der richtige Weg war und daß die „Unterhandlung mit Rebellen" zeitweilig und nach den gegebenen Umständen viel vortheilhafter und erfolgreicher für die Erhaltung resp. Wiederherstellung der Ruhe ist, als selbst die härtesten Maßregeln, als Standrecht, Galgen, Plünderung und Einäscherung.

Um so mehr muß es auffallen, daß General Auersperg nach dem Erfolge, den er bereits errungen und der gegenüber dem von seinem Vorgänger im Oberkommando Erreichten groß war, sich um die Mitte November, in dieser für die Kriegführung in Dalmatien ungünstigsten Zeit, zu einem großen Unternehmen nach Dragali hin entschloß und daß er sich hierbei allein auf die ihm zu Gebote stehenden Truppen — nach Abgang der Verluste 2c. damals im Ganzen circa 10,000 Streitbare — verließ.

Während der Aufstand also im Süden, in der Zuppa, im Erlöschen, theilweise schon erloschen, war, befand sich der Norden — die Crivoscie — in voller Insurrektion, die kaiserlichen Truppen besaßen hier nichts als einzelne Punkte an der Küste, zwischen denen sie auch nur auf der See die Verbindung hatten, außerdem waren Dragali und Cerkvice in ihren Händen, aber diese letzteren bedurften bald wieder einer Verproviantirung, wenn man sie nicht aufgeben wollte. In Risano, dem nunmehrigen Hauptquartier Auersperg's, fehlte die Möglichkeit entscheiden zu können, ob die Besatzungen der beiden genannten Forts sich ohne Hülfe von Außen noch länger zu halten im Stande sein würden, er mußte dieselben also auf jede Gefahr hin ihrem Schicksal überlassen oder er mußte eine Vorrückung

gegen Dragali wagen, ähnlich wie solche unter Dormus gänzlich miß=
glückt, unter Jovanovic mit schweren Opfern gelungen war.

Auersperg wählte das Letztere, obgleich nach dem Geständnisse des
officiellen Berichtes „klafterhoher Schnee" zu erwarten war, obgleich
er „vollkommen rohe, ja bestialische Gegner" vor sich hatte und
obgleich die Unterlassung der Expedition, den Opfern, welche dieselbe
nothwendig kosten mußte, gegenüber, nur als das geringere Uebel
erscheinen konnte. Uebrigens war es bei einer solchen Unterlassung
ja keineswegs ausgemacht, daß die Besatzungen der beiden Forts
verloren sein müssen; es ließ sich vielmehr voraussetzen, dieselben
würden sich zu halten suchen, so lange als irgend möglich, und inzwi=
schen konnten vielleicht auch in diesem Landstriche ähnliche Schritte,
wie man sie in der Zuppa unternommen hatte, zur Beseitigung des
Aufstandes, wenigstens zur Herstellung eines anderen Verhältnisses
führen.

Erwägt man Alles dies, so kann man sich die große Action,
welche Auersperg in der Crivoscie unternahm, nur dadurch erklären,
daß die Pacifizirungs=Methode, die er in der Zuppa hatte zur Anwen=
dung gelangen lassen, an anderer Stelle Anstoß erregte, daß man
damals noch nicht mit den „Unterhandlungen mit Rebellen" einver=
standen gewesen und daß auf den in Dalmatien kommandirenden
General sich höhere Einflüsse geltend machten, die ihn bestimmten,
seinen Erfolg in der Waffe allein zu suchen. Der unglückliche Aus=
gang des Unternehmens hat dem General manches herbe Urtheil
zugezogen, in wie weit ein solches berechtigt war, das läßt sich aber
erst entscheiden, sobald einmal die Depeschen und Briefe vollständig
der Oeffentlichkeit übergeben sein werden, die damals zwischen dem
Grafen Auersperg und Wien gewechselt worden sind.

Nachdem also die Vorrückung nach Dragali beschlossen und deren
Beginn auf den 16. November festgestellt war, erließ GM. Auersperg
folgende Disposition: „Oberst Kaiffel rückt mit seinem Regi=
mente (Nr. 7) und zwei Raketengeschützen von Drahovac nach Levenice
und dann weiter durch den Paß Lupoglav; Oberst Fischer mit zwei
Bataillons seines Regiments (Nr. 48), zwei Kompagnien des 9. Jäger=
Bataillons, einer Gebirgs=Batterie und zwei Raketengeschützen von

Risano nach Lebenice und weiter ebenfalls durch den Paß Lupoglav; Oberst S z i m i c mit zwei Kompagnien des 9. Jäger-Bataillons, dem Regimente Nr. 44 und einer Gebirgs-Batterie von Risano über Cerkvice; Major U r s ch i tz mit seinem, dem 8. Jäger-Bataillon und zwei Raketengeschützen in der linken Flanke über Ubli vor; das Hauptquartier wird sich bei der Kolonne Oberst Szimic aufhalten; das Endziel sämmtlicher Kolonnen ist die Ebne von Dragal; GM. D o r m u s mit zwei Bataillonen Nr. 52, einer Gebirgs- und einer Raketen-Batterie bleibt an der Küste (je nach Umständen in Perasto oder in Risano oder zu Schiff) in Reserve; ein Bataillon Nr. 52 bleibt in Cattaro, ein Bataillon Nr. 48 in Castelnuovo, eine Kompagnie Nr. 44 in Morinje als Besatzung; die Truppen haben am 15. Abends in den betreffenden Aufbruchsstationen an der Küste gestellt zu sein, dort zu übernachten und am 16., 7 Uhr früh aufzubrechen; die Kolonne Urschitz jedoch wird schon am 15. früh von Castelnuovo nach Morinje überschifft, marschirt noch an diesem Tage bis Ubli und bricht von dort gleich allen übrigen am 16. früh auf."

Ebenso wie der Entschluß zu dieser Expedition rasch gefaßt war, wurde mit den weiteren dazu erforderlichen Vorbereitungen sehr schnell zu Werke gegangen, ohne daß dieselben dadurch zu ihrem Nachtheile übereilt worden wären. In Risano wurde ein Haupt-Nachschubs-Magazin etablirt, sodann in den Aufbruchsstationen Drahovac und Morinje je eine Filiale desselben errichtet, Signalraketen wurden an die einzelnen Brigaden vertheilt und Flaggensignale zwischen dem Hauptquartier und der Reserve verabredet; es geschah die Vertheilung von Proviant an die Truppen, damit dieselben auch für den Fall des Verlustes der Proviant-Kolonnen gedeckt wären; endlich wurden provisorische Blockhäuser in Risano bereit gehalten und sämmtliche überhaupt nur aufzutreibende Tragthiere, im Ganzen circa 300, aufgenommen, zur Fortschaffung des Proviants u. s. f. an die Brigaden vertheilt, resp. zu Risano in Reserve gehalten.

Nachdem alle diese Vorbereitungen getroffen, begann die Vorrückung ganz der Disposition gemäß, indessen kaum hatten die Kolonnen Szimic und Fischer die Höhen bei Smikovac erreicht, als sie auf Insurgenten stießen, welche im Begriffe waren, auf den Felsenkämmen

Steinbatterieen zu erbauen. Durch ein lebhaftes Kreuzfeuer der Artillerie gelang es, dieselben bald zu vertreiben. Es wurden nun zwei provisorische Blockhäuser bei S. Nikolo und auf dem Greben aufgestellt und zu ihrem Schutze je ein halbes Bataillon der Regimenter 48 und 44 zurückgelassen. Ohne weiteren Widerstand kam noch am 16. November die Kolonne Szimic mit dem Hauptquartier bis Knezlac, die Kolonne Fischer bis Ledenice, die Kolonne Kaiffel bis Ubalac und die Kolonne Urschitz nach einem geringen Gefecht bis Unirina. Zugleich wurden zwei Kompagnien der Reserve (52. Regiment) zur Rückendeckung nach Ubli vorgeschoben.

Die Unternehmung hatte im Allgemeinen also ganz günstig begonnen, denn der einzige ernst zu nennende Widerstand, den Oberst Fischer gefunden hatte, war mit nicht allzu großer Mühe beseitigt worden. Rechnet man ab, daß die Märsche an sich, namentlich für die Kolonne Urschitz ungemein anstrengend gewesen und daher die Truppen stark hergenommen hatten, so war Alles den gehegten Hoffnungen entsprechend gegangen.

Am 17. erreichte das Hauptquartier (Kolonne Szimic) Cerkvice, nachdem es nur auf einzelne Insurgenten gestoßen und ein halbes Bataillon in Knezlac, eine Kompagnie beim Defilé von Napoda als Deckung zurückgelassen. Ein ernstliches Gefecht hatte dagegen die Kolonne Urschitz in den Nachmittagsstunden zu bestehen und konnte wegen der früh eintretenden Dunkelheit dasselbe zu keiner Entscheidung bringen; indessen bezog auch diese Kolonne am Abend bei Cerkvice Lager. Oberst Fischer meldete im Laufe des Tages, daß er in der Nähe von Ledenice kleine Gefechte mit Insurgenten, wobei Artillerie angewandt wurde, zu bestehen gehabt habe, daß er jedoch durch das Eintreffen der von Drahovac heranmarschirenden Kolonne Kaiffel, welche Nachmittags in Ledenice eingetroffen war, verstärkt sei und als älterer der beiden Kolonnen-Kommandanten den gemeinsamen Aufbruch auf den 18. November früh halb sieben Uhr festgesetzt habe, um nicht im Paß von Lupoglav übernachten zu brauchen. Weiter zeigte Oberst Fischer an, daß er seine Gebirgs-Batterie in Ledenice zurücklassen müsse, weil dieselbe nicht weiter zu transportiren sei, und daß er ein Bataillon des Regiments Nr. 7 unter Oberstlieutenant

Winterhalder am Eingange des genannten Defilé's zur Sicherung desselben aufstellen werde.

Aus den verschiedenen Ereignissen und den bis 17. Nachmittags im Hauptquartier eingetroffenen Meldungen ging hervor, daß die größte Gefahr am folgenden Tage jenseits Cerkvice eintreten würde. GM. Auersperg ertheilte deswegen dem GM. Dormus noch in der Nacht den Befehl, unter Zurücklassung eines halben Bataillons Nr. 52 in Risano, noch vor Tagesanbruch mit dem Reste seiner Kolonne aufzubrechen, unterwegs das bei Greben aufgestellte halbe Bataillon Nr. 44 durch eine Kompagnie Nr. 52 ablösen zu lassen und eiligst bis Cerkvice zu marschiren. GM. Dormus führte diesen Befehl pünktlich aus und langte am 18. November Vormittags 9 Uhr bei Cerkvice an, während die Kompagnie des Regiments Nr. 44, welche in Morinje detachirt gewesen, wegen der Ueberschiffung nach Risano später folgte.

Am 18. Vormittags gab nun Graf Auersperg folgende Disposition aus: „Oberstlieutenant Klhmburg rückt mit den zwei Kompagnien seines (des 9. Jäger-) Bataillons, zwei Kompagnien Nr. 44, einer Gebirgs- und einer halben Raketen-Batterie östlich; Oberst Vetter mit vier Kompagnien Nr. 44 und einer halben Raketen-Batterie westlich der Straße vor. Das Ziel der letzteren Kolonne ist die scharf hervorragende hohe, steile Felsenkuppe östlich von Velika Zagvosdak, welche gewissermaßen den Schlüssel zum Defilé von Han bildet; das Ziel der ersteren Kolonne ist eine niedrigere, flachere, zum Theil mit Gestrüpp, zum Theil mit Felsblöcken bedeckte Kuppe, welche gegenüber der vorigen, ebenfalls den Defilé-Eingang beherrscht. Oberst Szimic mit dem 8. Jäger-Bataillon und einer halben Raketen-Batterie hat als Unterstützung für beide Kolonnen zu folgen, während GM. Dormus mit fünf Kompagnien Nr. 52 und einer Gebirgs-Batterie bei Cerkvice in Reserve stehen bleibt. Die Vorrückung hat um halb 12 Uhr zu beginnen."

Mit allen möglichen Vorsichtsmaßregeln begann die Vorrückung zur festgesetzten Zeit. Das äußerst zerklüftete, dann wieder mit Gestrüpp und tiefen Löchern versehene Terrain machte die Bewegung äußerst schwierig und erforderte ab und zu das Abfeuern von Signalschüssen und Abbrennen von Raketen, um dem Hauptquartier die Stellung der Truppen zu zeigen. Anfangs waren keine Insurgenten zu entdecken, dann aber hörte man auch von den Punkten, die nur in den Händen der Aufständischen sein konnten, Signale und bald konnte man wahrnehmen, wie sich kleinere Abtheilungen derselben in großer Eile auf Velika Zagvosdak hinzogen. GM. Dormus ließ von seiner bei Cerkvice aufgestellten Batterie auf dieselben feuern, jedoch augenscheinlich ohne Erfolg.

Für das Hauptquartier wurde die Situation jetzt dadurch peinlich, daß von den Kolonnen Fischer und Kaiffel, welche am Morgen um halb 7 Uhr Ledenice verlassen haben und den Paß von Lupoglav passiren sollten, um so die Ebene von Dragali zu erreichen, um 3 Uhr Nachmittags noch immer nichts sichtbar wurde, obgleich die Entfernung, welche sie zu marschiren hatten, in der Luftlinie nur eine halbe Meile beträgt. Befanden sich die Kolonnen in der Ebne von Dragali, so war der Weg dahin offen, hatten sie die Ebne aber nicht erreicht, so konnte er nur durch die Besetzung der Felsenkuppe von Velika Zagvosdak, auf der sich die Insurgenten sammelten, geöffnet werden, und dies mußte dann um so schwerer fallen, als nicht gleichzeitig ein Angriff aus der Ebne von Dragali auf das Defilé von Han, dessen wichtigster Punkt jene Felsenkuppe war, geschehen konnte.

Es mochte, wie bemerkt, etwa 3 Uhr Nachmittags sein, als Graf Auersperg, auch ohne daß er eine Meldung darüber bekommen und ohne daß eine Signalrakete gesehen worden war, annehmen zu können glaubte, die Kolonnen Fischer und Kaiffel hätten den eine halbe Meile langen Paß nunmehr nach fast siebenstündigem Marsche passirt, würden in der Ebne von Dragali debouchiren und einen Angriff auf das Defilé von Han unterstützen. Es war dies ein Irrthum; da die Schwierigkeiten in jenem Passe alle Berechnung überstiegen, hatten jene Kolonnen die Ebne um diese Zeit noch nicht erreicht, — indessen Graf Auersperg beging diesen Irrthum und gab den Befehl: „Oberst Vetter möge trachten, die Höhe wo möglich noch vor Einbruch der Dunkelheit zu erreichen." Er soll, nachdem dieser Befehl abgesandt war, zu seiner Umgebung die Worte geäußert haben: „Albrecht — (das Regiment No. 44) — wird stürmen müssen, ich möchte es aber auch stürmen sehen." Wir verzeichnen diese Worte, ohne für ihre Wahrheit irgend welche Bürgschaft übernehmen zu wollen; wenn sie aber wirklich gesprochen sind, so beweisen sie weiter nichts, als daß Graf Auersperg mit der größten Bestimmtheit auf die Anwesenheit der Kolonnen Fischer und Kaiffel in der Ebne von Dragali rechnete und daß er mit größter Beruhigung dem Erfolge seiner Anordnung entgegen sah. Wie weit er dies als Oberkommandant unter den gegebenen Verhältnissen durfte, mag der Leser entscheiden.

Kaum hatte Oberst Vetter den verhängnißvollen Befehl erhalten, als er sich mit seinen Offizieren an die Spitze der Kolonne setzte, und allen Hindernissen trotzend die steile Höhe hinaufstieg. Jetzt zeigte sich, daß die Insurgenten oben äußerst zahlreich und gutbewaffnet waren, aber dessen ungeachtet wäre der Sturm beinahe gelungen, denn die Truppen drangen soweit aufwärts, daß das Geschützfeuer, welches sie unterstützte, aufhören mußte, um sie nicht ebenso, wie die Aufständischen zu gefährden. Doch so nahe dem Ziele zeigte sich ein unübersteigliches Hinderniß, eine senkrechte Felswand versperrte den Weg und ein Hagel von Steinen und Geschossen überschüttete hier die Angreifer, die durch die lange und furchtbare Anstrengung ermüdet, jetzt gezwungen wurden, umzukehren. Kaum hatten sie aber den Rückzug begonnen, so brachen die Insurgenten hervor und fielen unter dem Schutze der inzwischen eingetretenen Dunkelheit über die Soldaten her und tödteten oder verstümmelten, wen sie erreichen konnten. Diesem Morden wurde erst ein Ende gesetzt, als zwei Kompagnien des 8. Jäger=Bataillons, welche Oberst Szimic unaufgefordert zur Hülfe gesandt hatte, heraneilten.

Der Sturm auf die Felsenkuppe von Velika Zagvosdak war also abgeschlagen, die Kolonne Vetter hatte zahlreiche Verluste gehabt und mit Einbruch der Nacht standen die Truppen noch vor dem Defilé von Han, aber ihre Situation war unter allen Umständen wesentlich mißlicher geworden. Dem Obersten Vetter wird dabei, selbst von den Generalstabs=Offizieren des Grafen Auersperg der Vorwurf gemacht, seine Leute unvorsichtig exponirt, sie also unnütz geopfert zu haben, während man andrerseits ihm, wie der ganzen Kolonne das Zeugniß glänzendster Tapferkeit ausstellen muß. Der Verlust der Truppen betrug nach der officiellen Angabe: 4 Offiziere (worunter 1 Major Fritsch), und 16 Mann todt, 6 Mann vermißt, also bei den dortigen Verhältnissen ebenfalls als todt zu betrachten, ferner 4 Offiziere und einige 30 Mann verwundet, was bei der geringen Stärke der Colonne ein zahlreiches Opfer zu nennen ist.

Nachdem das Gefecht beendet, bezogen die Kolonnen Vetter und Szimic ein Lager östlich von Blajoevic; die Kolonne Klymburg lagerte in ihrer Aufstellung und die Reserve bei Cerkvice. Daß die Kolonnen Fischer und Kaissel am späten Abend noch die Ebne von Dragali erreicht hatten, erfuhr man im Hauptquartier erst am folgenden Morgen. Ein Theil der Kolonne Kaissel, ein Bataillon des Regiments No. 7, war übrigens gezwungen gewesen, noch am Engpasse, in der Nähe von Markow Do während der Nacht zu lagern.

Betrachtet man die Situation der Truppen, wie sie am Morgen des 19. November, des vierten Tages der ganzen Unternehmung war, so muß man sagen, daß allerdings auch durch die Kämpfe des vorhergehenden Tages, Terrain gewonnen war und daß der Hauptzweck der Expedition, die Verproviantirung Dragali's, aller Wahrscheinlichkeit nach erreicht werden konnte, aber gleichzeitig mußte der Zustand der Truppen allseitig die ernstesten Besorgnisse einflößen. Die Soldaten hatten während der drei resp. vier letzten Tage die furchtbarsten körperlichen Anstrengungen zu ertragen gehabt, sie hatten dabei im November, in dem unwirthbaren Gebirge unter freiem Himmel campiren müssen und doch war es gar nicht zu vermeiden, daß man jetzt nicht sofort wieder die höchsten Forderungen an sie stellte. Gewiß war eine solche Lage höchst ungünstig und man kann sich bei ihrer Betrachtung nicht des Gefühls der Bewunderung für die Ausdauer und den guten Willen entschlagen, welche die Truppen fortgesetzt bekundeten, obgleich die Leitung ihrer Operationen die augenfälligsten Mängel zeigte. Um auf einen solchen noch einmal zurückzukommen, bemerken wir nur, daß der Sturm der Kolonne Vetter als ungedeckter Frontal-Angriff gegen die gesichert hinter Felsen stehenden Insurgenten vor der militärischen Kritik wahrhaft ungeheuerlich erscheint und daß er der vielen dabei unumgänglichen Opfer wegen selbst dann verurtheilt werden müßte, wenn er den erstrebten Erfolg gehabt hätte. Ebenso ist es kaum begreiflich, daß Vetter weder von der Kolonne Szimic, noch von der Reserve anders als durch Geschützfeuer unterstützt wurde; daß Oberstlieutenant Klymburg sich auf die Wirkung seiner Artillerie bei dieser Gelegenheit beschränkte, mag aus seiner Stellung bei den betreffenden Terrain-Verhältnissen genügend gerechtfertigt sein, aber Szimic hätte bedeutend früher, als er es that, und Dormus hätte bei der geringen Entfernung ebenfalls Hülfe senden können. Es geschah dies Alles jedoch nicht, — warum nicht, wird wohl niemand stichhaltig erklären können.

Als es am 19. Tag geworden, sah man von der Stellung der Kolonne Klymburg, wie das Bataillon, welches die Nacht bei Markow Do gelagert hatte, aus dem Passe in die Ebene von Dragali debouchirte und gleichzeitig sich die Kolonne Fischer und die Hauptmasse der Kolonne Kaiffel gegen Han hinzogen. Bald darauf traf auch eine Patrouille ein, welche die soeben begonnene Besatzung des nördlichen Theiles vom Defilé von Han durch einen Theil jener Kolonnen meldeten. Es war somit eine fast ununterbrochene Verbindung beinahe bis Fort Dragali geschaffen und es kam nun nur noch darauf an, mit dem Hauptquartier und den Proviantkolonnen dahin zu gelangen. Aber wie die Sachen lagen, konnte die Verbindung jeden Augenblick durch einen Angriff des Feindes unterbrochen werden, es war daher die erste Aufgabe, dieselbe zu sichern. Um dies zu thun, wurde das 8. Jäger-Bataillon aus dem Lager nach Blajoevic vorgeschoben.

Am 18. hatte der Proviantrain der Kolonnen Fischer und Kaiffel nach Cerkvice dirigirt werden müssen, weil es unmöglich war, ihn durch den Paß zu schaffen und diese beiden Kolonnen hatten den Tag über von den an die Mannschaften vertheilten Vorräthen leben müssen, sie waren also am 19. bereits thatsächlich ohne Proviant. Deswegen befahl Graf Auersperg, daß jener Train dem 8. Jäger-Bataillon auf dem Fuße folgen, aber dann die Straße durch das Defilé verlassen und seitwärts von der Kolonne Klymburg die

Ebene zu erreichen suchen sollte. Diese Anordnungen wurden ohne Unfall ausgeführt, das Jäger-Bataillon wie der Train erreichten ihre Bestimmung.

Ehe das Letztere indessen geschehen konnte, begab sich GM. Auersperg zur Kolonne Klymburg und sandte von hier den Generalstabs-Hauptmann Lazic mit zwanzig Jägern des 8. Bataillons behufs Rekognoscirung zum Velika Zagvosdak, während zwei Kompagnien desselben Bataillon's bestimmt wurden, denselben im Nothfalle zu unterstützen, resp. aufzunehmen. Lazic erreichte die Felsenkuppe, welche jetzt von den Insurgenten verlassen war, sehr schnell. Hinter ihm her rückten zwei Kompagnien des Infanterie-Regiments No. 44, welche diesen wichtigen Punkt sofort besetzten. Nachdem dies geschehen, brach Graf Auersperg mit dem Hauptquartier gegen Han hin auf.

Inzwischen war aber auf einem andern Punkte das Gefecht begonnen. Die Aufständischen hielten die Waldungen von Macia Planina und Maria Stopa, nordwestlich von Velika Zagvosdak, besetzt und Hauptmann Lazic glaubte bei der Nähe der Truppen ohne Bedenken dieselben mit seinen wenigen Leuten angreifen zu dürfen. Auf das lebhafte Feuer, welches er eröffnete, sandte Oberst Fischer aus der Ebene von Dragali eine Abtheilung mit zwei Raketengeschützen nach Poljovac und diese zwangen die Insurgenten bald, sich weiter in die Wälder zu ziehen, wohin ihnen zu folgen natürlich nicht rathsam schien.

Als GM. Auersperg den Befehl zum Aufbruche des Hauptquartiers nach dem Dorfe Han gab, mochte es bereits halb fünf Uhr sein. In welcher Sicherheit man sich bei dem nun folgenden Marsche zu befinden glaubte, geht daraus hervor, daß dabei die ganze Bedeckung des Hauptquartiers aus zwei Gendarmen und einigen nur halb bewaffneten Schreibern bestand. Dabei war mindestens die Hälfte der Generalstabsoffiziere unberitten und die Anderen hatten nur in Cattaro oder Risano entnommene Miethpferde, sein eignes Pferd ritt allein Graf Auersperg. In Han sollte übrigens noch ein Bataillon Infanterie stehen, dies hatte jedoch das Dorf bereits verlassen, als das Hauptquartier daselbst eintraf.

Etwa eine Stunde lang ging der Marsch ohne Störung durch das Defilé, dann bei eintretender Dämmerung erreichte derselbe

die Hochebene. In der Ferne konnte man jetzt zwar schon die Lager=
feuer der Kolonne Fischer vor sich leuchten sehen, aber der Weg war
äußerst beschwerlich, er führte über grobes Geröll und mußte deshalb
sehr vorsichtig und langsam zurückgelegt werden. Inzwischen wurde
es immer dunkler und die Fortbewegung immer mühsamer. Da
in der Nähe von Poljovac wurden links von der Straße auf den
hier sanft aufsteigenden Höhen Insurgenten sichtbar. In Folge
dessen bog der ganze Trupp rechts seitwärts vom Wege ab ohne
jedoch die Richtung im Allgemeinen zu verlieren. Die Lage erschien
in diesem Moment bereits kritisch, weßwegen der Hauptmann
Skender vom Liccaner Grenz=Regiment, der als Dolmetsch beim
Hauptquartier fungirte und ziemlich gut beritten war, allein voran=
sprengte, um im Lager der Kolonne Fischer zu melden, in welcher
Gefahr sich der Generalstab befände.

Während dessen nahm die Dunkelheit rasch immer mehr zu
und der Trupp marschirte mit der erwähnten Abweichung nach rechts
in der Ebne weiter. Plötzlich krachte in nächster Nähe von der
rechten Seite ein Schuß und die Kugel sauste zwischen den Köpfen
des Generals Auersperg und des neben ihm reitenden Obersten
Schröder, des Genie=Chefs, hindurch. In Folge dessen gab der
General ohne Zaudern seinem Pferde die Sporen und die übrigen
berittenen Offiziere folgten seinem Beispiele mit Ausnahme des
Obersten Schröder, der bei den zu Fuß Marschirenden zurückblieb.
Zugleich fielen Schüsse von beiden Seiten und das Geheul der In=
surgenten, dessen Schauerlichkeit durch die Finsterniß erhöht wurde,
ertönte von rechts und von links. Darauf hin setzte sich der ganze
Trupp in Trablauf, an Ordnung war nicht zu denken, jeder dachte
an die verstümmelten Leichname der Soldaten, welche am Tage vor=
her bei Velika Zagvosdak den Insurgenten in die Hände gefallen
waren, und jeder lief, was er laufen konnte. Um den Schrecken zu
vermehren, wurden die Tragthiere wild, suchten sich ihrer Bürde zu
entledigen, was auch den Meisten gelang, und schlugen gegen ihre
Treiber aus, die selbst für ihr Leben fürchtend sich unter das
Militär mischten und in ihrer serbisch=illyrischen Sprache laut
fluchend, die allgemeine Panik noch vermehrten, da nun kaum zu

unterscheiden war, ob nicht mitten in den flüchtigen Knäuel schon Insurgenten eingedrungen.

Gewiß hatte diese Flucht unter dem sich immer mehr nähernden Geschrei und fortdauernden Schießen der Verfolger für jeden, der an derselben Theil zu nehmen gezwungen war, nichts Komisches an sich und wenn einer der Offiziere, welche mit General Auersperg gemeinschaftlich den Trupp der Fußgänger verlassen konnten, weil sie beritten waren, die also mehr Aussicht auf Rettung, als die Letzteren, hatten, nachher darüber in der „Wehr-Zeitung" schreiben konnte: „Man lachte und scherzte über das kleine Abentheuer," so richtet sich eine derartige Aeußerung selbst und es ist nur zu verwundern, daß der Mann sich nicht gescheut hat, solche Worte mit seiner Namensunterschrift drucken zu lassen.

In dem Augenblicke als die Noth am größten war, erschien übrigens die Hülfe. Hauptmann Skender war rechtzeitig im Lager eingetroffen. Ein Bataillon wurde von dort sogleich zur Aufnahme des Hauptquartiers in Marsch gesetzt, um die Gefangennahme desselben zu verhindern. Die Insurgenten, die vielleicht gar nicht wußten, welche Leute vor ihnen geflohen waren, zogen sich jetzt ohne ernstlichen Angriff zurück, nahmen dabei jedoch den größten Theil der Tragthiere und deren Bepackung mit sich. Ebenso fingen sie noch einen nachfolgenden Train mit dem Proviant für Dragali im Dorfe Han ab, wobei es aber der Bedeckung und dem Führer desselben, einem Artillerie-Offizier gelang, ebenfalls wenigstens sich zu retten und noch in der Nacht die Kunde des Geschehenen zum Fort zu bringen, wo man darüber natürlich nicht erfreut sein konnte. Vom Train des Generalstabes war außer dem Gepäck des Grafen Auersperg und einem Mantelsack des Oberst Schröder nichts erhalten worden.

Aus dem Lager der Kolonnen Fischer und Kaiffel marschirte nun, noch in der Nacht, das Hauptquartier unter sicherer Bedeckung bis Dragali. Hier zeigte sich, daß die Verproviantirung des Forts durch Jovanovic äußerst mangelhaft gewesen und daß die Besatzung nur noch auf drei Tage mit Proviant versehen war.

Die große Aktion des Grafen Auersperg hatte somit zwar ihren

Zielpunkt erreicht, aber an die Erhaltung der Vortheile, welche die andauernde Besatzung der verschiedenen Punkte, an denen die Truppen am Abend des 19. November Aufstellung hatten, hätte gewähren können, war nicht zu denken. Die Insurgenten hatten sich freilich zurückgezogen, aber sie konnten jeden Augenblick wiederkehren, da es ihnen in keiner Weise an Hülfsmitteln fehlte und sie überall in den Bergen dem Militär unzugängliche Schlupfwinkel besaßen. Dabei waren die Truppen im höchsten Grade erschöpft, ihre Ausrüstung hatte wahrhaft furchtbar gelitten und die schlimmste Zeit des Winters stand vor der Thür. General Auersperg beschloß daher bereits in der Morgendämmerung des folgendes Tages mit dem Hauptquartier nach Risano zurückzukehren und die Kolonnen möglichst geordnet nach der Küste zu ziehen. Der General langte auch mit seiner Umgebung und einem Bataillon als Bedeckung am 20. in Risano wieder an, begab sich dort mit seinem Stabe sofort an Bord des Dampfers „Lucia" und traf noch spät Abends in Cattaro ein.

So war der fünftägige Feldzug des Grafen Auersperg also beendet, er hatte in der That ein klägliches Ende genommen, wie sehr man auch von officieller und officiöser Seite bestrebt war, seine „Erfolge" in ein möglichst günstiges Licht zu stellen. Die Insurgenten waren überall von ihm zurückgedrängt, aber was hatte das zu bedeuten! Die Verluste, welche die Truppen erlitten hatten, waren gerade dadurch entstanden, daß sich die Aufständischen zurückzogen und dann wiederkehrten. In derselben Weise machten sie es auch ferner, wie schon die nächsten Tage zeigen sollten, und es war dies in der That die einzige Taktik, die sie mit Hoffnung auf Erfolg ihrerseits einschlagen konnten. Das Zurückweichen der Crivoscianer war also vielmehr ein berechnetes freiwilliges Zurückgehen, als ein Zurückgedrängtwerden.

Jedenfalls ist dies auch dem General Auersperg vollkommen klar geworden. Wären die Insurgenten wirklich durch seine Expedition „in ihre letzten Schlupfwinkel, in die unwirthbaren Ausläufer der Biala Gora zurückgedrängt", wäre wirklich „die Hauptlebensader des Landes" am 20. November „unterbunden" und wäre es in der That möglich gewesen, eine „ununterbrochene und ungestörte Verbindung mit geregelten Nachschüben an Proviant und Munition zu erhalten", dann würde es auch möglich gewesen sein, die Truppen trotz des Winters in ihren wichtigen Positionen mit allem Nöthigen zu versorgen, dann hätte der General nicht sofort bei seinem Rückmarsch den Befehl zu geben brauchen, die provisorischen Blockhäuser, deren Aufstellung soeben bei Velika Zagvosdak und oberhalb des Defilé's von Napoda begonnen wurde, wieder fortzuschaffen, Cerkvice und Dragali so schleunig als möglich zu verproviantiren und dann eiligst alle Truppen zur Küste zurück zu ziehen. Daß diese letzten Befehle der Sachlage entsprechend waren, haben die Thatsachen bewiesen und damit ist zugleich der Beweis geliefert, daß mit der ganzen großen Aktion nichts oder doch viel zu wenig erreicht war, um dasselbe als Aequivalent für die großen Opfer und Anstrengungen gelten lassen zu können.

Die soeben erwähnte Verproviantirung Dragali's und Cerkvice's wurde übrigens am 21. und 22. wirklich und zwar in ziemlich reichlichem Maße ausgeführt. Am Vormittag des 23. November begann der Rückzug der Truppen. Zuerst brachen die in der Ebene von Dragali liegenden Truppen unter Führung des Oberst Fischer auf, sie erreichten Risano ohne Gefecht. Dann folgten die noch im Defilé von Han stehenden an Zahl geringeren Abtheilungen. Diese kamen nicht mehr unangefochten davon, sie wurden schon von den Insurgenten angegriffen, welche sich bereits wieder an verschiedenen Punkten zeigten, indessen den Truppen nur wenig schadeten. Gegen Mittag wurde jedoch die Gegend bei Cerkvice überall lebendig, es tauchten in den Bergen größere Trupps von Aufständischen auf, die sich nach einem gemeinsamen Plane zu vertheilen schienen. GM. Dormus hielt es daher, einen größeren Angriff fürchtend, für das Gerathenste, trotz der vorgerückten Stunde noch am selben Tage, den 23., mit der ganzen Reserve von Cerkvice nach Risano abzugehen. Daß ein solcher Marsch, der nicht vor Einbruch der Nacht beendet sein konnte, die höchsten Gefahren mit sich bringen mußte, lag auf der Hand und der Befehl des Generals Dormus zum Aufbruche wird daher nur erklärlich, wenn man annimmt, daß seine Lage bei Cerkvice ungemein bedenklich gewesen.

Auf dem Wege von Cerkvice nach Risano ist bekanntlich das gefährliche Defilé von Napoda und manche andre schluchtenreiche Stelle zu passiren, was für die einzelnen Abtheilungen des unter Dormus' Befehl stehenden Corps Veranlassung war, mit größter Eile vorzurücken, um wenigstens die verrufensten Punkte noch vor Beginn der Nacht hinter sich zu haben. Durch die Uebereile ging indessen die Ruhe verloren, es entstand in der Kolonne Unordnung, bald verstopfte die vorwärts drängende Masse den Weg und bald waren als Folgen hiervon große Lücken in dem Zuge entstanden. Dabei fiel der Regen in Strömen vom Himmel und die Dunkelheit trat noch früher und finstrer als sonst ein. Am meisten litt hierbei die Arrièregarde, welche vom 8. Jäger-Bataillon unter Major Urschitz gebildet wurde; sie verlor vollständig den Zusammenhang mit dem Hauptcorps. Diesen Umstand benutzten aber die Insurgenten, sie griffen das Bataillon auf das Heftigste an und drängten einen Theil desselben von der Straße nach Süden ab. In dieser höchst mißlichen Lage behielt Urschitz die volle Besonnenheit, welche allein im Stande war, das Bataillon vor Vernichtung zu schützen. Es gelang ihm, die Truppe wieder zu vereinigen und, nachdem dies geschehen, durch wiederholtes Formiren von Carré's und fortdauernd fechtend mit nicht unwesentlichem Verlust nach mehrstündigem Kampfe spät in der Nacht Risano zu erreichen, ohne daß das Bataillon zur eigentlichen Flucht übergegangen war.

Hiermit war auch das Nachspiel zu der großen Aktion beendet, deren Resultat sich in den Worten zusammenfassen läßt: die Truppen behaupteten den Küstensaum und den Insurgenten gehörte das Land nach wie vor. Außerdem hatte Graf Auersperg noch einen besonderen Nutzen von seinem Unternehmen gewonnen, nämlich „die Ueberzeugung, daß der Kampf gegen so vollkommen rohe, ja bestialische Gegner in der gegenwärtigen Jahreszeit, bei dem dortigen Terrain nur mit sehr großen Opfern weiter geführt werden kann" und ebenso wußte er jetzt, „daß es ein besonders glücklicher Zufall gewesen, der gegen alle Erfahrungen früherer Jahre die Witterungsverhältnisse (während der Expedition) noch so günstig gestaltete, daß sie überhaupt noch größere militärische Operationen zuließen". Diese

„Ueberzeugung" und Erfahrung, die im Grunde genommen nichts weiter ist, als das Bewußtsein, daß sich im Winter in solchen Bergen, wie die dalmatinischen, nichts machen läßt, mag nun freilich Manchem etwas theuer erkauft erscheinen, aber sie hatte wenigstens den Nutzen, daß sie den General veranlaßte, alle militärischen Operationen bis auf bessere Zeiten zu sistiren und die Truppen Winterquartiere beziehen zu lassen.

Für die Corps, welche den fünftägigen Feldzug mitgemacht hatten, war die Dislokation der Winterquartiere folgende: Brigadestab GM. Dormus Cattaro; 9. Jäger-Bataillon S. Matteo; Infanterie-Regiment No. 7 Cattaro, Scagliari, Mula; Infanterie-Regiment No. 44 Perzagno und Stolino, eine Kompagnie Morinje, eine Kompagnie Baosich. Brigadestab Oberst Szimic, Risano; Infanterie-Regiment No. 52 Risano; Infanterie-Regiment No. 48 mit zwei Bataillonen Perasto, Ljuta, mit einem Bataillon Castelnuovo; 8. Jäger-Bataillon Castelnuovo, eine halbe Kompagnie Zelenika.

Um übrigens Risano gegen alle möglichen Eventualitäten zu sichern und um andrerseits den Insurgenten den Weg zur Küste abzuschneiden, wurde eine starke Vorpostenkette um Risano aufgestellt, ferner wurden eine Kompagnie nach Smokovac und fünf Kompagnieen von S. Nikolo bis zum Greben, wo außer den zwei bereits errichteten provisorischen Blockhäusern noch drei andere Platz fanden, postirt. Die nöthigen Mannschaften hierzu mußte zum Theil dauernd das 52. Regiment, welches bei dem Feldzuge am wenigsten in Thätigkeit gekommen war und also auch am wenigsten gelitten hatte, anderntheils wechselnd alle in der Boccha dislozirten Truppen stellen. Auf diese Weise hatte man sich also für die Winterruhe, soweit dieselbe die in der Crivoscie beschäftigt gewesenen Brigaden betraf, eingerichtet und es erübrigt daher hier nur noch der Operationen zu erwähnen, welche inzwischen von der Brigade Schönfeld unternommen worden waren.

Der Leser wird sich erinnern, daß Oberst Schönfeld den speciellen Auftrag erhalten hatte, die weiteren in der Zuppa nothwendig werdenden militärischen Schritte selbstständig vorzunehmen. Er behielt dabei für seine Brigade die früher angegebene Dislokation bei und begann seine Operationen gleichzeitig von Budua, S. Stefano und Castel Lastua, ganz im Süden der Zuppa, aus. Nachdem er bei dem Letzteren mehrfach kleinere Gefechte zu bestehen gehabt, gelang es, die Insurgenten rasch von der Küste fort in das Innere des Landes zurückzudrängen, während sich die Bevölkerung fast überall unterwarf, so daß sich in der zweiten Hälfte des November nur noch eigentlich die Orte Pobori, Maine und Braic im Aufstande befanden, sonst aber der ganze südlich von Cattaro gelegene Theil Dalmatiens entwaffnet war.

Pobori, Maine und Braic liegen der montenegrinischen Gränze so nahe und das Gebirge hat hier einen so wilden Charakter, daß diese drei Orte die natürlichen Rückzugspunkte für diejenigen Insurgenten der Zuppa bilden mußten, welche sich der Pazifizirung nicht fügen wollten. Da ferner eine Verbindung dieser mit den Aufständischen der Crivoscie nicht nur leicht möglich war, sondern auch thatsächlich unterhalten wurde, so hätte die einzige Möglichkeit, jene Orte und ihre Umgegend zu beherrschen, in einer dauernden Besatzung derselben gelegen. Auf diese konnte sich aber Oberst Schönfeld der Jahreszeit wegen nicht einlassen, da er nicht wissen konnte, ob nicht in ganz kurzer Zeit die Witterungsverhältnisse jede Verbindung der Küste mit den nach dem Innern des Landes vorgeschobenen Truppen unmöglich machen würde. Sobald aber die Verbindung gestört, war auch die Verproviantirung unmöglich und wenn dann die über die Grenze oder nach Norden gezogenen Aufständischen zurückgekehrt wären, so würden möglicherweise die schlimmsten Folgen zu erwarten gewesen sein.

Deswegen zog es Oberst Schönfeld vor, gegen Ende November seine Truppen in den Küstenorten zu sammeln, sie hier Winterquartiere beziehen zu lassen und jede weitere militärische Maßregel vorläufig zu sistiren.

So war denn überall mit dem Ende November Waffenruhe eingetreten, aber man rüstete sich auf weitere Operationen, welche mit dem Frühjahr beginnen sollten, wenn der Aufstand nicht vorher bereits auf eine andre Weise beendet würde.

In dieser Zeit sandte General Auersperg unter anderen einen Bericht nach Wien, worin er sich über die Schritte äußerte, welche seiner Meinung nach erforderlich waren, wenn man den militärischen Maßregeln überhaupt Erfolg sichern wollte. Indem er hierbei die Schwierigkeiten der Kriegführung in Dalmatien überhaupt schilderte und erwähnte, daß die Hauptschuld an dem Mißlingen der bisherigen Unternehmungen in dem gänzlichen Mangel guter Straßen gelegen, erklärte er, es müsse im Frühjahr damit begonnen werden, daß man im ganzen Lande Straßen baue. Erst wenn diese geschaffen wären, könne man an eine ernstliche und erfolgreiche Fortsetzung des Krieges, der dann mit verstärkten Kräften geführt werden müsse, denken.

Diese den Verhältnissen jedenfalls entsprechende Aeußerung erregte bei der Regierung nicht geringe Bestürzung. Man sah hier die Folgen der großen Vernachlässigung, welche sich, wie wir schon im ersten Kapitel erwähnt haben, Oesterreich bezüglich des Straßenbau's in Dalmatien seit einem halben Jahrhundert hatte zu Schulden kommen lassen, in der erschreckendsten Gestalt vor sich, und die Regierung sollte nun gleichzeitig genöthigt sein, diese Vernachlässigung möglichst rasch wieder gut zu machen, um sich den Besitz des Landes überhaupt zu sichern. Gleichzeitig war aber auch die Beendigung des Aufstandes, wenn dieselbe von der vorhergegangenen Herstellung neuer Straßen abhängig gemacht wurde, in eine fast unabsehbare Ferne gerückt und es schien somit in der That, als ob diejenigen Recht behalten würden, welche prophezeit hatten, Dalmatien würde für Oesterreich ein Kaukasus werden.

Als einen weiteren Schritt, der nothwendig sein würde, nannte General Auersperg die Ueberschreitung der Gränze durch die Truppen. Er verlangte, die Regierung solle auf diplomatischem Wege die Erlaubniß hierzu bei der Pforte resp. bei Montenegro erwirken, um mit einer Abtheilung kaiserlicher Truppen den Insurgenten den Rückzug absperren und dieselben zugleich, sie ihrer bisherigen Hülfsmittel beraubend, von dem Innern des Landes aus nach der Küste drängen zu können, wo sie dann im Bereiche der Kriegsschiffe und unter den festen im Besitz des Militärs befindlichen Plätzen unfehlbar zur Unterwerfung gezwungen werden würden.

Natürlich war diese Berechnung im Allgemeinen gewiß zutreffend, aber die Regierung verkannte die Schwierigkeiten, welche daraus für die österreichische Diplomatie erwachsen mußten, auch keineswegs und wenn sie dennoch zeitweilig daran dachte, den Plan weiter zu verfolgen, so mag hierzu vielleicht sehr wesentlich die Rathlosigkeit, worin sie sich den Verhältnissen in Dalmatien gegenüber befand, beigetragen haben. Die Vorschläge des Grafen Auersperg hatten übrigens schließlich einen Erfolg, an den er wohl am allerwenigsten geglaubt hatte, sie brachten nämlich das Ministerium auf den Gedanken: — einen andern Mann zum Höchstkommandirenden in Dalmatien zu ernennen. Doch das ist ein Faktum, auf welches wir, um den Zusammenhang des Ganzen nicht zu verlieren, erst weiterhin im nächsten Kapitel zurückkommen können.

Sechstes Kapitel.

Auersperg's Verhandlungen mit den Aufständischen. — Die Verhaftung Giurkovic's. — Montenegro und die Bewegung in den südslavischen Ländern. — FML. von Rodich und die Unterwerfung der Insurgenten. — Schluß.

Bereits in dem Vorhergehenden haben wir der Versuche Erwähnung gethan, welche Graf Auersperg fortgesetzt machte, um nicht allein durch Waffengewalt, sondern auch gleichzeitig durch Unterhandlungen auf die insurgirte Bevölkerung zu wirken. Daß seine Schritte, namentlich in der Zuppa von vorn herein nicht erfolglos waren, ist bekannt, und es mußte dies um so erfreulicher sein, als er in der That keine compromittirenden Mittel dabei anwandte. Er betrachtete überhaupt die militärische Gewalt gewissermaßen als die Basis der Verhandlungen, auf welche er, als auf eine Achtung gebietende Macht hinweisen wollte, um so die Aufständischen zur

Unterwerfung, deren einzige Bedingung die Amnestie sein sollte, zu bringen. Wollte er aber überhaupt unterhandeln, so war es nothwendig, sich das verbindende Mittelglied, den Unterhändler zu schaffen, und je günstiger dieser für ihn gestimmt war, desto sicherer war die Aussicht auf Erfolg. In richtiger Erkenntniß dieser Sachlage scheute er kein Mittel, Vertrauensmänner für sich zu gewinnen, selbst Geschenke oder, was dasselbe bedeuten dürfte, Bestechung sogar nicht, was man in Ansehung der gegebenen Verhältnisse durchaus nicht verwerflich oder gar komprommittirend nennen kann.

Bei diesen Bestrebungen stieß Auersperg indessen auf mancherlei Schwierigkeiten. Er war nach Dalmatien geschickt worden, um den Aufstand möglichst rasch zu beseitigen. Man wollte dem Statthalter FML. von Wagner die Civilgeschäfte allein überlassen, weil man in Wien der Meinung war, seine Kraft reiche nicht aus, um das Gouvernement und die Diktatur gleichzeitig zu führen. Es schienen für diese Ansicht auch mancherlei Thatsachen zu sprechen; militärisch hatte FML. von Wagner keine Erfolge gehabt und die Sicherheit des Landes nahm nach seinen eigenen Berichten in den Theilen Dalmatiens in schreckenerregender Weise ab, die von der Insurrektion gar nicht berührt worden waren, so wurde in Zara ein kaiserliches Verpflegsmagazin von ruchloser Hand in Brand gesteckt u. s. f. Die Regierung übertrug also die Diktatur an Auersperg und ließ die Civilgeschäfte allein noch dem Gouverneur Wagner. Damit aber, dachte man nun, sei auch schon der Aufstand so gut wie beseitigt und im Ministerium wunderte man sich nicht wenig, als nicht sofort nach Auersperg's Ankunft auf dem Kriegsschauplatze Nachrichten von entscheidenden Siegen der Truppen einliefen.

Die Folge dieser gänzlichen Verkennung der Sachlage seitens der Regierung war, daß auf den General von Wien aus beständig ein Druck geübt wurde, um ihn zu einem Hauptschlage zu veranlassen. Leider ließ er sich hierdurch zu dem unglücklichen fünftägigen Feldzuge bewegen, der ihn, milde ausgedrückt, wenigstens nicht als großen Feldherrn erwiesen hat.

Eine andre Schwierigkeit, die auf Auersperg's Thätigkeit lähmend wirken mußte, war, daß namentlich die Civilbeamten in Dal-

matien ihm gegenüber nicht diejenige unterstützende Bereitwilligkeit
zeigten, die wünschenswerth, ja eigentlich nothwendig gewesen wäre.
Sie betrachteten den Grafen als einen Mann, der den Gouverneur in
der Militär-Diktatur verdrängt hatte und es war Alles, daß sie nicht
feindlich gegen ihn auftraten. Ihre Abneigung zeigte sich — um ein
Beispiel anzuführen — ganz besonders noch Ende November in der
Art und Weise, wie bei der Censur der Zeitungen zu Werke gegangen
wurde. Jedes Blatt, hauptsächlich aus Wien, wurde sorgfältig ge=
lesen und wenn dasselbe irgend einen Angriff auf Herrn von Wagner
oder Herrn von Franz enthielt, so wurde dasselbe entschieden sofort
confiscirt; weit weniger ängstlich war man dagegen in Betreff des
Generals Auersperg, die Angriffe gegen ihn, gegen seine mangelhafte
Leitung der Operationen ließ man, wenn sie nicht allzu schroff waren,
ruhig unter die Bevölkerung kommen, weil man ihm eine gewisse
Herabsetzung mit heimlichem Behagen gönnte.

Wir haben soeben des Bezirkshauptmanns von Franz Erwäh=
nung gethan und wenn wir auch an einer früheren Stelle dieser Schrift
anerkennen mußten, daß er die Bestrebungen des Grafen Auersperg
in Betreff der gütlichen Pazifizirung mit Umsicht unterstützt habe, so
können wir doch nicht verschweigen, daß er auch dabei zeitweilig die
gleiche Taktlosigkeit zeigte, welche er vor dem offenen Ausbruche der
Insurrektion und im Anfange derselben bewiesen. Um sein Vorgehen
in dieser Richtung zu charakterisiren, genügt ein Beispiel: die Ver=
haftung des Kapitäns Giurkovic.

Giurkovic ist Dalmatiner, in Risano ansässig. Er befand sich
zur Zeit, als Auersperg zum Kriegsschauplatze abgehen wollte, in
Triest und der dortige Statthalter FML. von Moering, dem er per=
sönlich bekannt war, glaubte, daß er ein passender Vermittler den
Aufständischen gegenüber sein würde. Auf Zureden des Statthalters
entschloß sich der Kapitän, den General Auersperg auf seiner Reise
zu begleiten und die ihm zugedachte Rolle wirklich zu übernehmen.
Er schiffte sich daher mit dem Letzteren am 2. November in Triest ein
und benutzte die in Folge der Bora verzögerte Fahrt, um dem neuen
Diktator in offener freimüthiger Weise ein Bild von den Mängeln
der Verwaltung Dalmatiens zu geben, sowie das Gebahren der Re=

gierungsbeamten rückhaltlos in jeder Beziehung zu schildern. Als das Schiff Risano erreicht hatte, ging er an's Land, während Auersperg nach Cattaro weiter fuhr. Noch den Abend seiner Ankunft benutzte Giurkovic, um eine Zusammenkunft mit hervorragenden am Aufstande betheiligten Crivoscianern zu veranstalten und seine Bemühungen, seine Zureden bei dieser Gelegenheit zeigten, daß diese Leute zur Nachgiebigkeit geneigt waren und daß also eine Aussicht auf günstigen Erfolg vorhanden war. In Folge dessen hielt er eine weitere Verabredung mit dem Grafen Auersperg für nothwendig und fuhr daher am folgenden Tage nach Cattaro, wo er jedoch den General, der inzwischen nach Budua abgereist war, nicht mehr antraf. Jetzt ereignete sich aber etwas wahrhaft Unerhörtes.

Kaum hatte Ritter von Franz von der Ankunft Giurkovic's Kenntniß erhalten, so gab er den Befehl, denselben zu verhaften. Als Ursache dieses Schrittes wird Folgendes angegeben: Gegen den Kapitän war eine Denunziation eingegangen, welche denselben einer vor zwei Jahren begangenen Majestätsbeleidigung beschuldigte, die bei Gelegenheit eines Gastmahls vorgekommen sein sollte, indem er sich geweigert hatte mit einem Trunkenen wiederholt auf die Gesundheit des Kaisers anzustoßen.

Giurkovic protestirte gegen die Arretirung, aber er wurde nicht gehört; er zeigte einen Geleitsbrief des Generals vor, es war vergebens; er bat, an den Grafen Auersperg telegraphiren zu dürfen, der Beamte, der die Verhaftung vorgenommen, Kommissär Abbobatti, verweigerte die Erlaubniß. Mittlerweile wurde im Hause des Kapitän's in Risano eine Durchsuchung gehalten, wobei man eine dreifarbige Fahne vorfand, welche Giurkovic vor längerer Zeit für eine serbische Schule angekauft und in Pfand gehalten hatte, weil sie ihm nicht bezahlt worden war. Nun, nach einer vollen Woche, wurde er, gebunden und wohl bewacht, vor den Bezirkshauptmann Franz geführt, um verhört zu werden.

Am achten Tage nach der Verhaftung erhielt General Auersperg endlich von derselben Kenntniß; sofort gab er den Befehl, den Kapitän in Freiheit zu setzen, aber dieser hatte, nachdem er aus dem

Gefängniß entlassen worden, die Lust an seiner Vermittlerrolle verloren, er reiste ohne Aufenthalt nach Triest zurück.

Daß das Bekanntwerden solcher Thatsachen den Bestrebungen des Grafen Auersperg im höchsten Grade hinderlich sein mußte, bedarf keiner weiteren Auseinandersetzung. Nichts desto weniger ist es allseitig anerkannt, daß sich mit dem Beginne der Wirksamkeit dieses Generals die Zustände in dem aufständischen Bezirke wesentlich besserten, indessen war der Eindruck der vorhergehenden Thätigkeit des Kriegsgerichts, des Aufhängens von Landleuten, der durch Soldaten geschehenen Vernichtung von Obstgärten, der Einäscherung von Ortschaften u. s. w. so tiefgehend, daß selbst die Gemäßigsten der Insurrektion Vorschub leisteten und man den bei den Verhandlungen gegebenen Zusagen nur schwer Vertrauen schenkte.

In der Zeit übrigens als die militärischen Operationen wegen des Ende November mit der größten Heftigkeit auftretenden Winters eingestellt werden mußten, als die Bora, die Kälte und der Schnee auch den Insurgenten den Aufenthalt in den Gebirgen und die Beschaffung von Lebensmitteln sehr erschwerten, nahm die zum Theil obdachlose Bevölkerung ihre Zuflucht zur Räuberei und die Unsicherheit wuchs selbst in der Zuppa, wo die Pazifizirung, wie angegeben, bereits begonnen hatte, in Folge dessen so sehr, daß eine kurze Reise von einem Orte zum andern stets nur unter militärischer Eskorte möglich wurde. Wirkliche Gefechte mit den Truppen kamen dabei während des Monats Dezember nicht vor, wenn auch überall, selbst in der nächsten Nähe der Küstenstädte, gelegentlich noch Schüsse gewechselt wurden.

Die Lage der Aufständischen verschlimmerte sich auch dadurch, daß der Fürst von Montenegro jetzt ernstliche Schritte gegen dieselben begann. Mochte er auch noch so gerne gesehen haben, welche Erfolge dieselben erzielten, so gestaltete sich doch allmälig die Situation für ihn selbst so bedenklich, daß er es gerathen hielt, zunächst an seine eigne Sicherung zu denken. Er bemühte sich wirklich die Insurgenten zu isoliren und verbot unter Androhung strenger Strafe, sogar des Galgens, seinen Unterthanen die Theilnahme am Aufstande. Er mag hierzu unter anderem vielleicht auch dadurch veranlaßt worden sein, daß er von einer Mittheilung des Petersburger Cabinets an die österreichische Regierung Kenntniß erhalten, worin Fürst Gortschakoff die Erklärung abgegeben, Rußland werde gegen die Besetzung eines Theiles von Montenegro durch österreichische Truppen keinen Einspruch erheben.

Ueberhaupt nahm die Situation in den südslavischen Ländern jetzt allgemein einen sehr ernsten Charakter an. In Bulgarien gährte es in einer Weise, daß die türkische Regierung Truppen daselbst concentrirte und andere außerordentliche Vorsichtsmaßregeln vornahm, in die Crivoscie zogen massenhaft mißvergnügte Herzegowiner, welche den Aufstand in der Hoffnung, ihn über ihre eigene Heimath ausdehnen zu können, unterstützten; türkische Kriegsschiffe, welche Truppen landeten, erschienen ferner bei Ragusa und der Fürst von Montenegro meinte unter diesen Umständen nicht zurückbleiben zu dürfen, er stellte „zum Schutze der Neutralität" in seinem Bezirke von Grahowo 3000 Mann auf. Die ungarische Regierung verbot gleichzeitig die Ausfuhr von Waffen aus dem ungarisch-kroatischen Küstenlande und die österreichische Regierung erließ nunmehr ihrerseits ein ähnliches Verbot. So sahen die Verhältnisse also sehr ernst aus und Mancher glaubte in der That, es sei der Moment gekommen, in welchem die gefürchtete orientalische Frage in Fluß gerathen werde.

Zu constatiren ist dabei, daß derartige Befürchtungen selbst innerhalb der österreichischen Staatsregierung Platz gegriffen hatten und gewiß nicht unwesentlich zu dem Entschlusse mitgewirkt haben, um jeden Preis den Aufstand schleunigst zu beseitigen.

Ehe es indessen soweit kam, gab sich Graf Auersperg die größte Mühe durch Ueberredung und durch Vermittlung angesehener Personen die Unterwerfung der Aufständischen zu erzielen. Sehr förderlich waren ihm hierbei die Witterungsverhältnisse, die selbst für die Landeskinder nachgerade unerträglich wurden. Es zeigte sich eine immer größere Geneigtheit zur Unterhandlung bei den Aufständischen, sie sandten Deputationen und baten den General um Zusammenkünfte. Aber noch stellten sie Bedingungen für ihre Unterwerfung und namentlich verlangten die Insurgenten aus der Crivoscie, von Ledenice und Pobori nicht nur das Zugeständniß derjenigen Forderungen, welche sie bereits vor dem Aufstande als Bedingungen, unter denen sie sich die Rekrutirung gefallen lassen wollten, angegeben hatten, sondern dieselben fügten diesen Forderungen noch zwei hinzu: bedingungslose Amnestie und Ersatz für allen durch den Krieg ihnen zugefügten Schaden. Hierauf ging Auersperg indessen nicht ein, vielmehr vertraute derselbe darauf, daß die Insurgenten bald durch die Noth gezwungen sein würden, sich auf Gnade und Ungnade zu ergeben. Allerdings stellte er ihnen eine kaiserliche Amnestie in Aussicht, aber von besonderer Berücksichtigung in Betreff der Wehrpflicht und von Schadenersatz ließ er gar nicht mit sich reden, vielmehr gab er die bestimmte Erklärung, daß vor der Unterwerfung alle Waffen an ihn eingeliefert werden müßten, wenn die Amnestie überhaupt ertheilt werden solle.

Es läßt sich annehmen, daß Auersperg's Berechnung durchaus richtig war, wenn er voraussetzte, der Winter würde den Aufständischen die Möglichkeit zur Fortsetzung des Krieges nehmen; wenigstens spricht hierfür die Ende Dezember vollzogene bedingungslose Unterwerfung der Bewohner von Braic und Maine, nach welcher in der Zuppa nur noch Pobori insurgirt war. Indessen sollte der General nicht dazu kommen, sein Werk, das, insoweit es sich dabei um die Pazifizirung auf gütlichem Wege handelte, Anerkennung verdient, zu vollenden. Ehe er dies konnte, wurde die Pazifizirung überhaupt dem Kreise seiner Thätigkeit entzogen.

Wir haben am Schlusse des vorigen Kapitels bereits der Ersetzung des Grafen Auersperg im Oberkommando durch einen anderen General Erwähnung gethan, dieselbe erfolgte indessen faktisch erst im Anfange des Januars 1870 und auch da nur theilweise. Aber bereits einen Monat lang vorher, bereits anfangs Dezember, schwankte die Regierung, ob sie den Grafen auf seinem Posten belassen sollte oder nicht. Die größte Schwierigkeit machte die Wahl eines Nachfolgers, da mehrere befähigte Generale die Uebernahme der Stellung entschieden ablehnten. Andrerseits aber zeigte sich der dalmatinische Statthalter FML. von Wagner so wenig mit den Anschauungen der Regierung in Betreff der weiteren einzuschlagenden Schritte einverstanden, daß dem Ministerium auch dessen Rücktritt zweckmäßig erschien. Unter solchen Umständen kam es sehr erwünscht, daß der Statthalter, der in seiner Stellung während der letzten Zeit wenig Freude genossen hatte und der sich nach den Anstrengungen, welche sein Amt von ihm forderten, nach Erholung sehnte, um seine Entlassung bat. Er erhielt dieselbe sofort und es brachte die „Wiener Zeitung" vom 15. Dezember folgende darauf bezügliche amtliche Publikation:

„S. k. und k. apostolische Majestät haben sich laut Allerhöchsten Handschreibens vom 12. Dezember l. J. bewogen gefunden, den Statthalter und Militärkommandanten im Königreiche Dalmatien, Feldmarschall-Lieutenant Johann Ritter von Wagner, über seine Bitte seines Dienstpostens zu entheben und die Leitung der Statthalterei in Zara bis auf Weiteres dem pensionirten Ministerialrathe des Ministeriums des Innern, Josef Bruno Freiherrn Fluck von Leidenkron unter gleichzeitiger Reaktivirung desselben und taxfreier allergnädigster Verleihung der Titel und Ranges eines Sektionschefs zu übertragen."

FML. Wagner blieb indessen vorläufig noch auf seinem Posten bis Ende des Jahres. Das Gleiche geschah auch seitens des Generals Auersperg, als dessen Ersatzmann das Armee-Verordnungsblatt vom 17. Dezember den FML. von Rodich mit der schwerverständlichen Klausel publizirte, daß Auersperg das Kommando über die operirenden Truppen behalte.

Auersperg verhandelte jedoch in der nächsten Zeit mit den Aufständischen ruhig weiter und er war dabei entschieden bestrebt, weder der Staatsregierung noch sich selbst etwas zu vergeben. Wie wir schon erwähnt haben, gelang es ihm Maine und Braic zur Unterwerfung zu bringen und wurde den Aufständischen dieser Orte in Folge dessen die kaiserliche Amnestie bekannt gemacht.

Aus Anlaß dieser Amnestie erließ nun der Befehlshaber in Risano, Oberst Szimic eine Proklamation, deren Eindruck auf die Bevölkerung ein so günstiger war, daß es vortheilhaft erschien, dieselbe sofort in allen von Truppen besetzten Plätzen Süddalmatiens zu affigiren. Diese Proklamation lautete in wörtlicher Uebertragung:

"Se. Majestät unser allergnädigster Kaiser und König hat den Bewohnern von Braic und den übrigen Aufständischen, welche sich bis jetzt ergeben, Alles nachgesehen.

Diese große Gnade des Herrschers wird bewirken, daß auch jene dieselbe benützen, die noch nicht auf den rechten Weg zurückgekehrt sind.

Den Bevölkerungen der aufständischen Orte sende ich noch zu ihrem Wohl und Besten nachstehenden Rath: Ihr seid bisher stets ein ehrliches Volk gewesen und habt, wie eure Ahnen, tapfer eure Heimath vertheidigt und somit auch treu gekämpft für Kaiser und Vaterland! Warum wollt ihr jetzt durch Widerstand und unmenschliche Handlungen das Ansehen eures Volkes trüben und das eurer Vorfahren, welche stets im Rufe der Reinheit und Ehrlichkeit gestanden?

Ihr habt größtentheils Eltern, Weiber und Kinder; seht auf diese und deren Zukunft, treibt sie nicht selbst vom eignen Heerde, daß sie für immer Bettler werden!

Hört nicht auf fremde Einflüsterungen, weil es gewiß nicht zu eurem Nutzen ist, sondern nur für jene, welche durch euch ihr Leben angenehmer zu führen gedenken! Aber wie lange kann ein solches Leben überhaupt währen? Gewiß nur kurze Zeit, und welche Vortheile kann es euch nachher gewähren?

Ich glaube keine! Weil, je länger ihr im Aufstande verharrt, desto größer für euch der Schaden wird. Euer Besitz, eure Häuser, das Alles verfällt nach und nach und muß mit der Zeit dabei zu Grunde gehen!

Jede Revolution wird unterdrückt! Das lehrt uns die Geschichte Ungarns, Italiens und Polens, und welche Hoffnung habt ihr in eurem kleinen Lande gegenüber einem Kaiserreiche! Ihr habt, wenn auch wenig Schulbildung, so doch gesunden Verstand und klaren Sinn und könnt einsehen, daß euch solcher Widerstand und solche Hartnäckigkeit in das größte Unglück führt!

Benutzt daher diesen Augenblick der Gnade unsers allerdurchlauchtigsten Kaisers und Königs und kehret schnell zu eurem Heerde zurück; kommt gleich nach Risano, wo ihr eure Unterwerfung anzeigen könnt! Vom Augenblicke eurer Unterwerfung an ist über euch die Gnade des Kaisers, daher ihr von da an keine Strafe zu fürchten braucht!

Vom Befehlshaber in Risano, 29. Dezember 1869.

S z i m i c, Oberst und Brigadier."

Wenn man auch wohl mancherlei über diese Proklamation sagen könnte, namentlich z. B. über ihre historische Wahrheit in dem mit den Worten „jede Revolution" 2c. beginnenden Satze, so wird man doch jedenfalls zugestehen müssen, daß sich darin die Absicht kund giebt, Milde walten zu lassen, aber doch dem Ansehen des Staates, resp. der Regierungen nichts zu vergeben. Um so auffallender ist, daß mit der Ankunft des FML. Rodich eine ganz andre Taktik eingeschlagen wurde.

Am Nachmittag des 30. Dezember traf Rodich in Gemeinschaft mit dem neuen Statthaltereileiter Baron Fluck in Cattaro ein und jetzt wurde es sofort klar, welche Bedeutung die eigenthümliche Klausel in der Ernennungs-Publikation für den Ersteren gehabt hatte. FML. Rodich war von der Regierung mit geheimen, sehr weit gehenden Vollmachten ausgerüstet, er sollte nur die bisher dem Grafen Auersperg im Bezirke Cattaro übertragene politische Thätigkeit übernehmen, während der Letztere den militärischen Theil, d. h. „den Oberbefehl über die operirenden Truppen", welche bekanntlich jetzt im Winterquartier lagen, also in der That gar nicht operirten, behielt. Gewiß hatte man Rodich für die Verhandlungen mit den Aufständischen als einen Landsmann von ihnen für besonders geeignet gehalten, oder man hatte ihm Instruktionen gegeben, deren Ausführung man dem Grafen Auersperg nicht zumuthen wollte; gewiß ist wenigstens, daß Rodich vor seinem Abgange von Wien durch den damaligen Landesvertheidigungsminister Grafen Taaffe angewiesen wurde, er solle für die schleunige Pazifizirung Sorge tragen, „es möge kosten, was es wolle".

Mit großem Eifer begann Robich sofort seine Thätigkeit noch am Tage seiner Ankunft, er setzte sich mit verschiedenen bisher als Unterhändler geltenden Persönlichkeiten in Verbindung und schon am folgenden Morgen begann ein lebhafter Verkehr dieser zwischen Cattaro und den Aufständischen in der Crivoscie. Dagegen wurden die militärischen Maßregeln jetzt vollständig sistirt, alle Vorbereitungen zur Fortsetzung des Feldzuges hörten plötzlich auf, als ob der Krieg schon beendigt gewesen wäre.

Am 3. Januar früh 8 Uhr schiffte sich FML. Robich nach Risano ein, von wo er sich nach der Ankunft sofort in Begleitung seiner gewöhnlichen Umgebung und mehrerer Unterhändler, unter denen sich auch wieder der Kapitän Giurkovic befand, nach Knezlac begab, um eine Besprechung mit den Insurgentenführern aus der Crivoscie zu halten. Schon daß der Bevollmächtigte der Regierung soweit den Aufständischen entgegenging, war eine Concession, die nicht verfehlen konnte, Aufsehen zu erregen, aber sie war in der That noch das Geringste, was geschehen sollte.

Die Insurgenten forderten: bedingungslose Amnestie für Alle; die Erlaubniß, ihre Waffen wieder aufnehmen und tragen zu dürfen, nachdem sie dieselben gestreckt hätten; Wiederaufbau der niedergebrannten Wohnungen auf Kosten der Regierung oder Schadenersatz für dieselben, sowie für andre im Kriege entstandene Eigenthumsbeschädigungen; Aushebung zur Landwehr unter den vor dem Aufstande von ihnen gestellten Bedingungen.

Anfangs machte FML. von Robich allerdings Schwierigkeiten, als aber mehrere Tage vergingen und die Insurgenten beharrlich bei ihren Forderungen blieben, bewilligte er die Amnestie, das Recht des Waffentragens und den Schadenersatz; in Betreff der Wehrpflicht versprach er die Berücksichtigung der Wünsche durch die Regierung. Auf diese Zusagen hin, bei denen Robich nur die vorläufige Geheimhaltung derselben und die Schein-Erklärung, sie wollten sich „auf Gnade oder Ungnade" unterwerfen, den Aufständischen als Bedingung stellte, gaben die Letzteren nach. In Folge dessen fanden sich — wie es in dem officiösen Telegramm heißt —, „dem durch ihre Knezen früher gegebenen Versprechen nachkommend, am 11. Januar bei 300 Crivoscianer bei dem FML. Baron Rodich ein, um ihre tiefste Reue (?) und Unterwerfung auszusprechen, um die allerhöchste Gnade zu bitten und ihre alte Treue für S. Majestät erneuert zu versichern. Der Aufforderung, ihre Gewehre zu strecken, kamen sie augenblicklich ohne Widerrede nach. Nachdem ihnen FML. Baron Rodich eine scharfe Rüge wegen ihres jüngsten Verhaltens ertheilt und ihnen eindringliche Lehren für die Zukunft gegeben hatte, verkündigte er ihnen den allerhöchsten Gnadenakt der Amnestie und bewilligte denselben, die Gewehre zur eignen Sicherheit (!) wieder aufzunehmen, worüber ein enthusiastisches, endloses Zivio auf S. Majestät und eine allgemeine dreifache Salve erfolgte."

So die officiöse Mittheilung. Es widerstrebt unserm Gefühle, die Unterwerfungs-Komödie, die sich in den nächsten Tagen noch mehrfach wiederholte bis sämmtliche insurgirte Orte „pazifizirt" waren, eingehender zu schildern, wir wollen nur bemerken, daß die ganze Sache rasch genug erledigt wurde, und am 14. Januar bereits die Aufhebung des Verbots, Waffen zu besitzen und zu tragen, sowie des Standrechts für den ganzen Bezirk Cattaro proklamirt werden konnte.

Damit war denn zu aller Welt Ueberraschung plötzlich die Sache erledigt, der Aufstand beendet. Wir sagen: zu aller Welt Ueberraschung und können hiervon höchstens einen Theil der österreichischen Regierung ausnehmen, nur einen Theil, nicht Alle, denn Baron Rodich hatte seine Instruktionen, nach denen er gehandelt, direkt vom Grafen Taaffe erhalten, und dieser hatte dieselben persönlich ertheilt ohne vorhergegangene Berathung in einem Ministerrathe. Am meisten war von der Nachricht des Geschehenen wohl der Reichskriegsminister überrascht worden, der noch an demselben Tage, als die Nachricht von dem Friedensschlusse bereits in Wien eingetroffen war, den Generalmajor Auersperg telegraphisch aufgefordert, über den Fortgang der militärischen Vorbereitungsarbeiten ausführlich zu berichten.

Fragen wir aber, wer bei diesem Ausgange der Insurrektion der Sieger geblieben, so können wir nur antworten: die Insurgenten. Sie hatten schon militärisch Vortheile errungen, aber wichtiger war noch der Erfolg bei den Unterwerfungsverhandlungen. Die Regierung hat ihnen den Frieden abgekauft, sie hat nicht nur das bewilligt resp. versprochen, was die Bocchesen vor drei Monaten, vor der Rekrutirung forderten, sondern sie hat ihnen noch weit mehr gegeben. Unter diesen Umständen muß man annehmen, daß die Regierung sich ohnmächtig fühlte, daß sie einsah, sie könne der Insurrektion überhaupt nicht Herr werden oder man kann nicht verstehen, warum sie jemals zu Gewaltmaßregeln griff. Uebrigens hat der Frieden noch sein besonderes politisches Bedenken. Zu der Erfüllung des Versprechens, die Wünsche in Betreff der Wehrpflicht berücksichtigen zu wollen, gehört eine Aenderung des Landwehrgesetzes und eine solche ist ohne Zustimmung des Reichsraths nicht möglich. Wie nun, wenn der Letztere seine Zustimmung dazu verweigert; wird der ehemalige Landesvertheidigungsminister Graf Taaffe dann die Folgen auf sich nehmen, liegt es dann nicht nahe, anzunehmen, daß der Aufstand sofort wieder beginnt?!

Durch seinen Abschluß ist der Aufstand der Bocchesen zu einer unauslöschlichen Blamage für die Regierung, für den österreichischen Staat geworden. Mag die Kriegführung in Dalmatien noch so mangelhaft gewesen sein, wäre sie zehnmal schlechter gewesen, als sie es wirklich war, wären Unvorsichtigkeiten, wie der Marsch des Hauptquartiers ohne Bedeckung bei Han dutzendfach vorgekommen, — das Alles wäre nichts gegen die Art, wie man endlich zum Frieden gelangt ist. Die Insurgenten haben die Bedingungen desselben diktirt, Baron Rodich hat sie acceptirt in Folge der Instruktion, die Pazifizirung durchzusetzen, sie möge kosten was sie wolle.

Daß eine solche Instruktion gegeben wurde, muß jedem wie ein psychologisches Räthsel erscheinen, der die geheimen Motive des Grafen Taaffe nicht kennt. Der einfachste Verstand fragt sich angesichts der vorliegenden Fakta: „Warum ist denn überhaupt ein Krieg geführt worden."

Und doch ist die Erklärung nicht allzuschwer zu finden. Daß

die Rekrutirung überhaupt zum Aufstande führte, lag, wie wir in den ersten Kapiteln dieser Schrift gezeigt haben, theils in einer falschen Auffassung der Verhältnisse seitens der Regierung, theils in der schroffen Art, mit welcher die Staatsbeamten in Dalmatien die Sache behandelten, sie lag aber drittens auch in den Unterlassungssünden, welche sich der Landesvertheidigungsminister sowohl in Verkennung der vorhandenen Gefahr, als auch in einer zu großen Langsamkeit bei Erledigung der dringenden Geschäfte hatte zu Schulden kommen lassen. Als die Kämpfe nun jedoch einmal entbrannt waren, als sich zeigte, welche Schwierigkeiten der Insurrektionskrieg machte, als der Generalmajor Auersperg über die Mittel berichtete, die in Zukunft bei der Unterdrückung des Aufstandes durch Waffengewalt noch erfordert werden konnten, als es endlich schien, als ob aus der dalmatinischen Bewegung eine allgemeine südslavische entstehen würde, da kam das Gefühl der ganzen Verantwortlichkeit, die er auf sich geladen, über den Grafen Taaffe und er meinte, das geringere Uebel zu wählen, wenn er „um jeden Preis" die Pazifizirung bewirkte.

Indessen hatten sich nunmehr die Verhältnisse schon wieder geändert; der Winter, die Elemente, welche vorher die Verbündeten der Aufständischen im Kampfe gewesen, wandten sich jetzt gegen diese selbst und es unterliegt kaum einem Zweifel, daß General Auersperg mit seiner für den Staat viel würdigeren Haltung binnen kurzem ebenfalls die Unterwerfung ohne weitere Feldzüge erzielt hätte. Ja noch kurz bevor er die Anzeige von der Mission des Baron Rodich erhielt, war er im Stande gewesen, nach Wien zu berichten, es sei alle Aussicht vorhanden, daß auch die Crivoscianer die Waffen niederlegen würden. Gegen Auersperg war indessen von andrer Seite, wie wir auch bereits angedeutet haben, gearbeitet worden und der Landesvertheidigungs-Minister hatte einmal die vorgefaßte Meinung, daß noch eine ganz besondre Anstrengung nothwendig sei.

So ist es denn zu dem kläglichen Endresultate gekommen, das in der Geschichte vielleicht einzig in seiner Art dasteht, und man könnte damit noch zufrieden sein, wenn dasselbe irgend welche Bürgschaft für die Fortdauer der Ruhe in Dalmatien böte. Aber das ist nicht der Fall! Die fremden Einflüsse werden fortwirken auf das Land, nach wie vor, und die Achtung der Bocchesen für Ordnung und Gesetzlichkeit, gegen welche sie sich aufgelehnt haben, ist durch ihre diesmaligen Erfolge sicher nicht erhöht worden. Die Regierung wird also viel zu thun haben, wenn sie auf eine rationelle und humane Weise die Vorbedingungen zu einem künftigen Aufstande der Dalmatiner beseitigen will. Möge sie sich dessen klar bewußt werden und hierbei größere Umsicht zeigen, als solches bei dieser Gelegenheit geschehen: — das ist das Wesentlichste, was man heute wünschen kann.